W0181406

Der **F**UCHS
und die
TRAUBEN

Fabeln aus aller Welt

Ausgewählt von Beate Hellbach

Eulenspiegel Verlag

ISBN 978-3-359-02320-3

© 2011 Eulenspiegel Verlag, Berlin
Umschlaggestaltung: Steffen Kawelke
Druck und Bindung: CPI Moravia Books GmbH

Ein Verlagsverzeichnis schicken wir Ihnen gern:
Eulenspiegel · Das Neue Berlin Verlagsgesellschaft mbH & Co. KG
Neue Grünstr. 18, 10179 Berlin
Tel. 01805/30 99 99
(0,14 €/Min., Mobil max. 0,42 €/Min.)

Die Bücher des Eulenspiegel Verlags erscheinen
in der Eulenspiegel Verlagsgruppe.

www.eulenspiegel-verlag.de

Zu dieser Ausgabe

Darum haben solche weisen hohen Leute die Fabeln erdichtet und lassen ein Tier mit dem anderen reden, als sollten sie sagen, wohlan, es will niemand die Wahrheit hören noch leiden und man kann doch der Wahrheit nicht entbehren. So wollen wir sie schmücken und unter einer lustigen Lügenfarbe und lieblichen Fabeln kleiden.« So charakterisierte Martin Luther, selbst Verfasser von Fabeln, dieses literarische Genre, das anknüpfend an frühe Tiermythen und -märchen in einer Zeit gewachsener Selbsterkenntnis des Menschen entstand. Indem die Fabel eine unmittelbare Geschichte erzählt, die leicht zu verallgemeinern ist, und sich eines typisierten Figurenensembles bedient, kommt sie zur gleichnishaften Darstellung von Verhaltensweisen und Eigenschaften. Lessing schrieb in seiner Abhandlung über die Fabel: »Man hört: Britannicus und Nero? Wie viele wissen, was sie hören? Wer war dieser? Wer war jener? In welchem Verhältnis stehen sie gegeneinander? – Aber man hört: Der Wolf und das Lamm. Sogleich weiß jeder, was er hört, und weiß, wie sich das eine zu dem anderen verhält.«

Unsere Sammlung, chronologisch geordnet, beginnt im 6. Jahrhundert vor unserer Zeitrechnung mit Äsop, der als Vater der europäischen Fabeldichtung gilt. Ob dieser griechische Sklave tatsächlich gelebt hat, ist fraglich. Es war wiederum Luther, der Zweifel anmeldete, »denn solch feine Fabeln vermöcht jetzt alle Welt nicht, schweig denn ein Mensch erfinden«. Wahrscheinlicher erschien ihm, dass solche Geschichten »von Jahr zu Jahr wachsen und sich mehren«, wie es »einer von seinen Vorfahren und Eltern höret und sammlet«. Mündliche Überlieferungen sind auch aus anderen Weltgegenden und Kulturkreisen bekannt; einige Beispiele wurden in dieses Buch aufgenommen, ebenso wie frühe schriftliche Zeugnisse aus China und Indien. In Anlehnung an die äsopischen Prosafabeln verfasste der Römer Phädrus – ebenfalls ein freigelassener Sklave – im ersten Jahrhundert Versfabeln. Die erste deutsche Fabelsammlung verfasste der Dominikanermönch Ulrich Boner Anfang des 14. Jahrhunderts. Im Zeitalter des Humanismus wurde die Fabel neu belebt und kam vollends zur Blüte in der Aufklärung. Hier erwies sie sich als probates Mittel, um Ständekritik zu üben und in der Folge bürgerliche Tugenden in den Mittelpunkt zu rücken. Die großen Fabeldichter La Fontaine, Krylow, Gellert, Lessing, Pfeffel stehen für die Hochzeit der Fabel, doch auch im 19. und 20. Jahrhundert griffen Dichter auf die bewährte Gattung zurück.

Die Freude an der Erkenntnis, wie sie die Fabel in ihrem »bunten Lügenkleid« vermittelt, scheint ungebrochen, sofern die von alters her geltende Regel beherzigt wird: fabula docet et delectat, die Fabel will belehren und unterhalten.

Der Leser sei auf das Verzeichnis am Ende des Buches hingewiesen, das knappe Auskünfte über die vertretenen Dichter liefert und gleichzeitig als Register dient.

ÄSOP

Die wilden Ziegen und der Hirt

Ein Hirt hatte seine Ziegen auf die Weide geführt. Als er sah, dass sie sich unter wilde Ziegen gemengt hatten, trieb er bei Einbruch des Abends alle zusammen in seine Höhle. Am andern Tag gab es Winterwetter, und er konnte die Tiere nicht auf die gewohnte Weide führen. Deshalb versorgte er sie in der Höhle, wobei er den eigenen nur knappes Futter zumaß, dass sie eben nicht zu hungern brauchten, während er den fremden zusätzlich aufschüttete, weil er auch sie seiner Herde einverleiben wollte.

Als nun das schlechte Wetter nachgelassen und er sie alle auf die Weide geführt hatte, nahmen die wilden Ziegen Kurs auf die Berge und machten sich davon. Der Hirte beschuldigte sie der Undankbarkeit; ihnen sei bessere Pflege zuteil geworden, und trotzdem ließen sie ihn im Stich.

Sich umwendend erwiderten die Ziegen: »Gerade darum sind wir ja besonders vorsichtig. Denn wenn du uns, die wir dir gestern zuliefen, den alten gegenüber erheblich bevorzugst, so ist doch offenkundig, dass du, wenn später wieder einmal andere zu dir stoßen werden, diese uns gegenüber begünstigen wirst.«

Die Fabel beweist: Man soll die Freundschaft derer nicht allzu hoch schätzen, die uns, die neu Hinzugetretenen, ihren alten Freunden vorziehen, sondern sollte bedenken, dass solche Leute, wenn ihre Freundschaft mit uns eine Zeit lang andauert und sie wieder andere Freunde gewinnen, diesen den Vorrang geben werden.

ÄSOP

Der Fuchs und die Trauben

Der Fuchs, den es hungerte, sah an einem Weinstock Trauben hängen. Wollte er sie sich verschaffen und konnte es doch nicht! Schließlich machte er sich davon und sagte zu sich selbst: »Sie sind sauer.«

So ist es auch bei manchen Menschen. Infolge ihrer Unzulänglichkeiten vermögen sie an bestimmte Dinge nicht heranzukommen und geben dafür den Umständen die Schuld.

ÄSOP

Der Löwe und die Maus

Während der Löwe schlief, lief ihm eine Maus über den Körper. Aus dem Schlaf erwacht, packte er das Tier und traf Anstalten, sie zu verspeisen. Als aber die Maus bat, er möge sie doch laufen lassen, weil sie sich ihm, wenn sie am Leben bliebe, dankbar erweisen würde, gab er sie lachend frei und ließ sie ihrer Wege ziehen. In der Tat geschah es, dass schon wenig später der Löwe durch die Dankbarkeit der Maus gerettet wurde. Als er nämlich von Jägern gefangen und mit einem Seil an einen Baum gebunden worden war, da vernahm die Maus sein Stöhnen. Flugs lief sie herzu, benagte das Seil ringsum und sagte zu dem Löwen, den sie befreit hatte: »Damals hast du so über mich gelacht, weil du nicht glauben wolltest, dass ich dir meine Freilassung entgelten könnte; jetzt aber weißt du, dass es auch bei den Mäusen Dankbarkeit gibt.«

Die Fabel zeigt, wie im Wechsel der Zeitläufe auch die sehr Mächtigen auf die Schwachen angewiesen sein können.

ÄSOP

Der Wolf und der Hirt

Der Wolf ging hinter einer Schafherde her, ohne ihr etwas zuleide zu tun. Anfangs nahm sich der Hirt vor ihm, dem Feinde, in Acht und beobachtete ihn furchtsam. Wie aber jener fortwährend hinterhertrottete und keine Anstalten traf, etwas zu rauben, kam dem Hirt der Gedanke, der Wolf möchte vielleicht lieber Wächter als Angreifer sein. Als er daher einmal in die Notwendigkeit versetzt wurde, zur Stadt zu gehen, überließ er dem Wolf die Schafe und entfernte sich. Der aber sah seine Gelegenheit gekommen und fraß die Überzahl der Herde. Wie nun der Hirt zurückkehrte und seine Herde vernichtet sah, da rief er bloß: »Es ist mir ganz recht ergangen; denn warum hatte ich dem Wolfe Schafe anvertraut?«

So erleiden auch unter den Menschen diejenigen nach Gebühr Verluste, die den Geldgierigen ihre Ersparnisse anvertrauen.

ÄSOP

Der Löwe und der Hase

Der Löwe stieß auf einen schlafenden Hasen und traf Anstalten, ihn zu verspeisen. Währenddes fiel sein Blick auf einen Hirsch, der des Weges kam; da ließ er den Hasen und setzte jenem nach. Der Hase war derweile von dem Lärm wach geworden und machte sich auf und davon. Nachdem der Löwe nun den Hirsch eine lange Strecke verfolgt hatte und ihn doch nicht einzuholen vermochte, kehrte er zu dem Hasen zurück. Als er merkte, dass auch dieser sich in Sicherheit gebracht hatte, rief er: »Ganz zu Recht geht es mir schlecht; denn ich habe die Speise, die ich in den Händen hielt, fahren lassen und der Hoffnung auf mehr Vorzug gegeben.«

So geben auch manche Menschen, die sich mit einem maßvollen Gewinn nicht bescheiden wollen, unversehens auch noch das preis, was sie in der Hand halten.

ÄSOP

Der scherzende Hirt

Der Hirt trieb seine Herde ein ganzes Stück von seinem Dorfe fort und machte wiederholt folgenden Scherz. Er rief die Landsleute um Hilfe an und schrie, dass Wölfe sich auf seine Herde gestürzt hätten. Ein zweites und ein drittes Mal noch versetzte er so seine Dorfgenossen in Schrecken und Bewegung, um sie dann mit Hohngelächter wieder nach Hause zu schicken. Dann aber geschah es, dass der Wolf tatsächlich herankam. Als nun die Herde zersprengt wurde und der Hirt um Hilfe rief, da glaubten die Bauern, er scherze in gewohnter Weise, und scherten sich nicht darum. Und so geschah es, dass jener seine Schafe verlor.

Die Fabel beweist, dass Lügner nur den Gewinn haben, dass man ihnen auch dann nicht glaubt, wenn sie die Wahrheit sprechen.

ÄSOP

Der Löwe und der Bauer

Der Löwe entbrannte in Liebe zur Tochter des Bauern und hielt um ihre Hand an. Nun wollte der Alte sein Kind keinem Tier zur Frau geben, wagte es aber auch nicht, sie dem Löwen zu versagen, und

11

bedachte sich darum folgendermaßen. Da der Löwe ihm fortwährend in den Ohren lag, sagte er zu ihm, er halte ihn gewisslich für den rechten Schwiegersohn, allein könne er ihm seine Tochter nur unter der Bedingung geben, dass er sich seine Zähne ausreißen und seine Krallen abschneiden lasse; denn davor habe das Mädchen Angst. In seiner Verliebtheit verstand sich der Löwe schnell zu beidem; der Bauer aber spottete seiner, als er vor ihm erschien, und jagte ihn mit Stockschlägen davon.

Die Fabel beweist, dass die, welche, leichtgläubig ihren Feinden vertrauend, sich ihrer eigenen Mittel entblößen, eine bequeme Beute für jene werden, denen sie früher Furcht einflößten.

SHEN BUHAI

Der Drachenliebhaber

Herr Shi Zigao war ein Liebhaber von Drachen. Alle Zimmer seines Hauses ließ er mit Drachenbildern schmücken und ließ auch Drachen in die Säulen eingravieren. Als der Himmelsdrache davon hörte, flog er zu ihm hernieder, steckte seinen Kopf zum Südfenster hinein und das Schwanzende zum Nordfenster. Herr Shi erstarrte vor Schreck, als er ihn erblickte.

Er war eben kein echter Drachenliebhaber. Er liebte sie nur auf Bild und Säule, nicht aber in der Wirklichkeit.

12

MENGZI

Wachstumshilfe für Setzlinge

Im Staat Song glaubte ein Bauer, dass die Reissetzlinge auf seinen Feldern nicht schnell genug wüchsen. Deshalb zog er sie alle ein Stückchen in die Höhe und kam ziemlich erschöpft nach Hause. »Heute bin ich rechtschaffen müde«, erklärte er seiner Familie, »habe ich doch den ganzen Tag lang den Setzlingen beim Wachsen geholfen.«

Da lief sein Sohn zum Felde hin und fand sie alle verwelkt.

Viele Leute wünschen, dass die Saat gut wachse. Manche aber vergessen sogar, das Unkraut zu jäten. Andere wieder wollen mit Gewalt nachhelfen. Das freilich nützt den Pflanzen nichts, das schadet ihnen.

ZHUANG ZHOU

Der Drachentöter

Es lebte einmal ein Mann namens Zhu Pingman, der bei Zhi Liyi in die Lehre ging, um die Kunst des Drachentötens zu erlernen. Drei Jahre lang dauerte die Ausbildung, und sie kostete ihn sein ganzes Vermögen.

Einen Drachen aber bekam er nie zu Gesicht, und so vermochte er seine Kunst nicht anzuwenden.

ZHUANG ZHOU

Die Wachtel und der Vogel Rock

Es lebte einmal ein Riesenvogel namens Rock. Sein Rücken war so hoch wie der Berg Tai, und wenn er seine Flügel ausbreitete, dann waren sie weit wie die Wolken, die den Himmel bedecken. Sobald er sich in die Lüfte erhob, begann ein ungeheurer Sturm, und wenn er hoch über den Wolken unter dem tiefblauen Himmel dahinschwebte, legte er mit einem einzigen Flügelschlag tausend Meilen zurück. Einmal flog er vom Norden zum südlichen Meer.

»Was er nur hat«, wunderte sich eine Wachtel und konnte das Lachen nicht verbergen. »Ich hüpfe hier von Ast zu Ast oder vergnüge mich unten in den Büschen. Das genügt mir völlig. Wo der bloß hin will!«

Wenn der Horizont verschieden ist, sind es auch die Gedanken.

LÜ BUWEI

Der Glockendieb

Nach dem Niedergang der Familie Fan sah ein Mann in ihrem Haus noch eine Bronzeglocke hängen. Aber da sie zu schwer war, auf dem Rücken weggeschleppt zu werden, wollte er sie mit einem Hammer in Stücke schlagen. Doch schon der erste Schlag machte solch einen Lärm, dass sich der Dieb vor Schreck die Ohren zuhielt.

Dass er nicht gehört werden wollte, ist verständlich. Sich selbst aber die Ohren zuzuhalten, das ist dumm!

HAN FEI

Zweierlei Maß

Im Staate Song lebte einst ein reicher Mann, dessen Mauer nach einem heftigen Regenguss zu zerbröckeln begann.

»Wenn die Mauer nicht repariert wird«, warnte sein Sohn, »wird leicht ein Dieb ins Haus gelangen.«

Ein älterer Nachbar gab ihm den gleichen Rat.

Kurz darauf wurden tatsächlich zahlreiche Dinge gestohlen. Da bewunderte der Reiche die Klugheit seines Sohnes, den Nachbarn aber hielt er für den Dieb.

LIU XIANG

Vom Nutzen der Gleichnisse

Huizi redet nur in Gleichnissen«, beklagte sich jemand beim König von Liang. »Anscheinend wäre es ihm unmöglich, seine Gedanken klar auszudrücken, ohne in Gleichnissen zu reden.«

Da nickte der König und sagte: »Du hast ganz recht.«

Als der König am nächsten Tage dem Huizi begegnete, sprach er zu ihm: »Wenn du in Zukunft etwas erklären möchtest, dann sprich ohne Umschweife und rede nicht in Gleichnissen.«

Da entgegnete ihm der Gelehrte: »Wenn mich künftig jemand fragen sollte, was eine Armbrust ist, soll ich dann einfach antworten: ›Eine Armbrust ist eine Armbrust!‹? Glaubt Ihr, er wird das verstehen?«

»Das wird er nicht verstehen«, sagte der König.

»Wenn ich ihm aber sage, dass eine Armbrust einem Bogen ähnelt, aus Bambus gemacht wird und zum Schleudern von Kugeln dient, würde er das besser verstehen?«

»Ja, sicher«, sagte der König.

»Deshalb, um deutlich zu sein, vergleichen wir Unbekanntes mit Bekanntem«, sagte Huizi. »Wenn Ihr mir nicht gestattet, ein Gleichnis zu nutzen, wie soll ich mich Euch wirklich verständlich machen?« Dem musste der König zustimmen.

LIU XIANG

Umzug einer Eule

o willst du hin?«, fragte eine Turteltaube die Eule.

»Ich zieh nach Osten um«, sagte die Eule.

»Warum denn?«, fragte die Taube.

»Die Leute hier lieben mein Geheule nicht«, sagte die Eule.

»Da solltest du deine Stimme ändern«, sagte die Tur-
teltaube, »sonst werden dich die Leute im Osten schwer-
lich lieber haben.«

AUS DEM PANTSCHATANTRA

Die Affen und der Vogel Sucimukha

In einer gewissen Berggegend wohnte eine Affen-
herde. Diese konnten sich einstmals zur Winter-
zeit gar nicht zufrieden geben. Ihre Körper zit-
terten, weil ein sehr kalter Wind sie anwehte, ein
Schneefall sie traf und ein heftiger Regenguss auf sie nie-
derstürzte. Einige Affen sammelten daher Gunja-Früchte,
welche Feuerfunken ähnlich sind, stellten sich rings um sie
und pusteten, um Feuer zu erlangen.

Als aber ein Vogel namens Sucimukha, »Der Spitz-
schnäblige«, diese ihre vergebliche Anstrengung sah,
sprach er: »Ach, ihr seid alle Toren! Dies sind keine Feuerfunken; es sind Gunja-Früchte. Wozu also die unnütze
Anstrengung? Dadurch könnt ihr euch nicht gegen die
Kälte schützen. Drum sucht irgendeine gegen den Wind
geschützte Waldgegend, eine Höhle oder Berggrotte!
Auch jetzt noch zeigen sich mächtige Regenwolken.«

Darauf sprach einer von diesen zu ihm: »Ha! Du Tor!
Was geht das dich an? Halt dein Maul. Es heißt auch: Einen in Arbeit oft Gestörten, einen Spieler, der unterliegt,
soll ein Kluger nicht anreden, wenn er sein eigenes Bestes
wünscht. Und so: Wer Jäger, die umsonst jagen, und Nar-

ren, die von Not geplagt, törichterweise anredet, der zieht sich selbst ein Übel zu.«

Jener aber, ohne sich raten zu lassen, hörte nicht auf, noch weiter zu den Affen zu sprechen: »He! Wozu die unnütze Mühe?«

Da er aber keinen Augenblick mit Schwatzen nachließ, packte ihn ein Affe, der über die vergebliche Arbeit in Zorn geraten war, an den Flügeln und schleuderte ihn an einen Fels, so dass er umkam. Daher sage ich:

Kein unkrümmbares Holz krümmt sich; mit Messern schneidet man Steine nicht: Sucimukha! Bedenk dieses! Lehr' keinen, der nicht lernen will.

AUS DEM PANTSCHATANTRA

Die Schlange und die Ameisen

In einem gewissen Ameisenhügel lebte eine große schwarze Schlange mit Namen Atidarpa, »Die sehr Stolze«. Diese wollte einst statt des gewöhnlichen Zugangs zu ihrem Loche durch eine andere enge Öffnung heraustreten. Und indem sie sich durchzwängte, erhielt ihr Körper durch die Fügung des Schicksals wegen des großen Umfangs desselben und wegen der Enge der Öffnung eine Wunde. Darauf wurde sie von den Ameisen, welche dem Geruch des aus der Wunde fließenden Blutes nachgingen, von allen Seiten umringt und in Unruhe versetzt; einige tötete und andere verwundete sie. Wegen ihrer großen Anzahl aber bedeckten diese sie mit vielen Wunden, so dass Atidarpa an allen Gliedern blutend umkam. Daher sage ich:

Mit vielen soll man nicht kämpfen: Schwer besiegbar sind Mutige; es frisst die Schar der Ameisen, trotz seiner Wut, den Schlangenherrn.

AUS DEM PANTSCHATANTRA

Die Krähe und die Taube

Der Baum ist wahrhaftig zu preisen, in dessen Schatten das Wild schläft, dessen Blätter allenthalben von einer Menge von Vögeln unterbrochen, dessen Höhlungen von Insekten bedeckt sind, auf dessen Zweigen Affenscharen kosen, dessen Blumen zutrauensvoll von den Bienen ausgesogen werden: Mit allen seinen Gliedern bringt er Freude einem Zusammenschluss von vielen Geschöpfen, als wär er ein zweiter Weltenschützer.

Auf diesem nun wohnte ein Krähenmännchen namens Laghupatanaka, »Der Leichtfliegende«. Als dieses einst, um Nahrung zu suchen, sich nach der Stadt auf den Weg machte und sich umsieht, so steht ihm ein Jäger vor Augen, von sehr schwarzem Körper, mit auswärts gebogenen Beinen, mit aufwärts starrenden Haaren, ganz wie die Diener des Todesgottes gestaltet, mit einem Netz in der Hand. Als es diesen erblickte, überlegte es furchtsamen Sinnes: »O weh! Dieser Bösewicht geht jetzt zu dem Feigenbaum, auf welchem ich wohne. So weiß man denn nicht, ob heute die auf dem Feigenbaum nistenden Vögel umkommen werden oder nicht.« Nachdem es so mehrfach hin- und hergedacht hatte, kehrte es auf der Stelle um, ging zu demselben Feigenbaum, rief alle Vögel zusammen und sprach zu ihnen: »Hört! Da kommt ein böser Jäger herbei mit einem Netz und Körnern in den Händen. Drum dürft ihr ihm auf keine Weise trauen! Er wird, nachdem er das Netz ausgebreitet hat, Körner davor ausstreuen. Diese Körner müsst ihr alle zusammen ansehn, als ob sie Gift wären.«

Indem er so sprach, kam der Jäger zu dem Fuße des Feigenbaums, spannte das Netz aus und streute die Körner davor, ging etwas abseits und stellte sich in ein Versteck. Die Vögel aber, welche sich hier befanden, wurden von Laghupatanakas Rede, wie von einem Riegel, zurückgehalten und sahen die Körner an, als wären sie Giftpflanzen. Mittlerweile erblickte der König der Tauben, Citragriva mit Namen, der »mit dem bunten Hals«, indem er, von Tausenden umgeben, nach Nahrung umherschweifte, diese Körner schon aus weiter Ferne. Trotzdem dass ihn Laghupatanaka warnte, flog er, von seiner Zunge beherrscht, hin, um zu essen, und fiel mit seinem Gefolge in das große Netz. Sagt man ja doch mit Recht:

Die an der Zunge Gier haften, solchen Toren wird unversehens der Tod zuteil, gleichwie Fischen, die hausen mitten in der Flut.

AUS DEM PANTSCHATANTRA

Der zerbrochene Topf

In einem gewissen Orte wohnte ein Brahmane namens Svabhavakrpana, »Der Pechvogel«. Dieser hatte mit erbetteltem Reis, der ihm jeweils nach dem Essen übrigblieb, einen Topf angefüllt; diesen Topf hatte er an einen Nagel in der Wand gehängt, darunter seine Bettstelle gestellt und schaute ihn nun in der Nacht, ohne einen Blick davon abzuwenden, an und dachte dabei: »Dieser Topf ist über und über voll von Reisbrei. Wenn nun eine Hungersnot entsteht, dann wird er hundert Silberstücke einbringen. Dafür werde ich alsdann ein paar Ziegen kaufen; da sie alle sechs Monate Zicklein werfen, so wird daraus eine Herde Ziegen entstehen. Dann für die Ziegen Rinder! Sobald die Kühe gekalbt haben, verkaufe ich die Kälber. Dann für die Rinder Büffel! Für die Büffel Stuten! Sobald die Stuten geworfen haben, werde ich viele Pferde besitzen. Aus dem Verkauf von diesen löse ich viel Gold. Für das Gold bekomme ich ein Haus mit vier Gebäuden in einem Viereck. Dann kommt ein Brahmane in mein Haus und gibt mir ein sehr schönes Mädchen mit großer Mitgift zur Frau. Die wird einen Sohn gebären. Dem werd ich den Namen Somasarman, »Der Heil in sich hat«, geben. Wenn dieser dann alt genug ist, um sich auf meinen Knien zu schaukeln, dann werde ich ein Buch nehmen, mich hinten in den Pferdestall setzen und studieren. Mittlerweile sieht mich Somasarman, und begierig, auf meinen Knien zu schaukeln, klettert er von seiner Mutter Schoß und kommt zu mir dicht an die Hufe der Pferde. Dann werde ich, von Zorn erfüllt, der Brahmanin zurufen: ›Nimm das Kind! Nimm das Kind!‹ Sie aber, mit Hausarbeit beschäftigt, hört meinen Ruf nicht. Dann spring ich auf und gebe ihr einen Fußtritt.« Indem er so in diese Gedanken versenkt war, stieß er mit dem Fuße so aus, dass der Topf zerbrochen und er selbst so von dem Reisbrei, welcher sich im Topf befand, weiß gefärbt wurde. Daher sage ich:

Wer unvernünftige Projekte über die Zukunft spinnet aus, dem geht's wie Somasarmans Vater: Er liegt vom Reisbrei weiß gefärbt.

PHÄDRUS

Ein Hund trägt ein Stück Fleisch zu einem Fluss

s kam ein Hund mit Fleisch zu einem Flusse hin,
   der sah sein Ebenbild im klaren Wasser-
spiegel.
Und glaubend, dass auch Fleisch von einem
   zweiten Hunde getragen würd',
wollt' er es ihm entreißen. Aber
der Gierige betrog sich und verlor die Speise,
die er gehabt, und nicht erhielt er die ersehnte.

PHÄDRUS

Der Wolf und der Hund

Bei einem allzu fetten Hund kam einst durch Zufall
ein magrer Wolf vorbei; sie grüßten gegenseitig
und blieben stehn: »Wovon bist du so wohl genährt?
Von welcher Speise hast du solchen Körperumfang?
Ich, der ich doch weit tapf'rer bin, muss Hungers
sterben.«
Treuherzig sprach der Hund: »Auch du kannst dies
erreichen,
wenn du es über dich vermagst, gleich mir zu dienen.« –
»Wie das?«, fragt' jener. – »Wenn du an der Schwelle
wachest,
und deines Herren Haus bei Nacht vor Dieben
schützest.«
»Dazu bin ich bereit: jetzt muss ich Schnee und Regen
ertragen, in dem Wald mein schweres Dasein fristend.
Viel besser ist's für mich, im sichren Haus zu leben
und mich in süßer Ruh an schöner Speis' zu laben.« –
»So komm denn mit.« – Im Gehen aber sah der Wolf
den Hals des Hundes, von einer Kette ganz
zerschunden.
»Woher ist dies, mein Freund?« – »Ist nichts.« –
»Oh sag mir's doch.« –
»Weil ich für bissig gelt', lieg ich des Tags am Strick,
dass ich bei Tageslicht ruhe und zur Nachtzeit wache.

Doch wenn ich los bin, schwärm ich hin, wo's mir
   beliebt.
Von allen Seiten bringt man Brot; von seinem Tische
gibt mir der Herr die Knochen, und die Dienerschaft
und manche andre werfen mir die Zukost zu.
So wird mein Bauch ohn' jede Mühe angefüllt.« –
»Wohlan, ist dir's gestattet, überall zu gehen?« –
»Bei Weitem nicht.« – »Genieße, was du lobst, o Hund,
nicht König möchte ich sein auf Kosten meiner
   Freiheit.«

PHÄDRUS

Der Fuchs und der Storch

Es soll der Fuchs zuerst den Storch zum
   Mahl geladen
   und ihm in einer flachen Schüssel flüss'ge
   Brühe
gereichet haben, so dass selbst bei größter Mühe
der Storch von jener Speise nichts erlangen konnte.
Als er nun wiederum den Fuchse zu Gaste lud,
da setzte er ein halsiges Gefäß ihm vor,
zerriebene Speis enthaltend. Mittels seines Schnabels
genoss er selbst die Speise, doch der Gast litt Hunger.
Als nun umsonst der Fuchs den Hals der Schüssel leckte,
da soll der Wandervogel froh gerufen haben:
»Wozu man selbst das Beispiel gibt, muss man
   ertragen.«

PHÄDRUS

Der Hirsch an der Quelle

An einer Quelle blieb ein Hirsch, der dort getrunken,
und sah sein Bildnis in dem klaren Wasserspiegel.
Doch während er das ästige Geweihe lobt,
erregten sein Missfall'n die gar zu dünnen Füße. –
Von lauten Jägerrufen plötzlich aufgeschreckt,
beginnt er durch das Feld zu eilen und die Hunde
täuscht er durch schnellen Lauf, und in den dichten Wald
eilt er; doch hier verwickelte sich sein Geweih.
Und so gehemmt, erliegt er bald den Hundebissen.
Im Sterben soll er noch die Wort' gerufen haben:
»Ich armer, armer Tor, der ich erst jetzt erkenne,
wie nützlich mir das war, was ich verachtet habe,
und wie so schweres Leid mir brachte, was ich lobte.«

BABRIOS

Der leichtsinnige Jüngling und die Schwalbe

Ein Jüngling hatte beim Würfelspiele sein
Vermögen durchgebracht.
Nur einen Mantel wollte er sich retten,
damit ihm nicht, weil's Winter war, die Kälte
schaden könne.
Doch sollte ihm das Spiel auch den noch nehmen.
Vorm Frühling nämlich kam von Theben her
geflogen eine Schwalbe, vor der Zeit;
die hört' er leise zwitschern.
»Was brauch ich jetzt den Mantel noch?«, so
meinte er.
»Sieh da die Schwalbe, das bedeutet Wärme!«
Er sprach's, ging hin und setzte sich zum Spiel,
nach kurzem Einsatz ging der Mantel ihm verloren.
Ein Schneesturm kam und fürchterlicher Hagel,
und jedermann hatte wollne Kleidung nötig.
Als er da halb bekleidet aus der Tür sich beugte
und nach der muntren Schwalbe spähte,
erblickte er den Vogel tot vor Kälte.
»Du Ärmste«, sprach er, »wärst du mir doch nie vor
Augen je gekommen!
Dich selber hast du ebenso wie mich betrogen!«

BABRIOS

Das Lämpchen und die Sterne

in Lämpchen prahlt des Abends einst,
von Öl trunken,
vor allen Gästen, nicht der
Morgenstern strahle
so hell wie sie, die allen Lampen vorleuchte.
Da blies ein Zugwind, und ihr Licht erlosch plötzlich,
vom Hauch getroffen. Der sie wieder ansteckte,
sprach so: »Es ist der Lampe Lebenshauch
schwächlich,
allein der Himmelssterne Licht wird nie sterben.«

BABRIOS

Das schönste Kind

ls Zeus einst allen Tieren einen Preis setzte
für die schönsten Kinder und allesamt
prüfte,
bracht eine Affenmutter, die sich schön vorkam,
auf ihrem Arm ein Äffchen, nackt und krummnasig.
Als nun darüber alle Götter laut lachten, sprach sie:
»Zeus wird schon wissen, wem der Preis zukommt,
von allen ist der Schönste doch mein Goldsöhnchen.«

AVIAN

Der Esel mit dem Löwenfell

Per Zufall fand ein Esel eines Löwen Fell aus
Afrika.
Das neu Erworbene legte er sich selber um,
die Glieder steckt' er in die Hülle, die für sie nicht
    passte
und presste seinen blöden Kopf ins ehrenvolle
    Kleid.
Doch wie die Lust des Terrors seinen Sinn umfing
und vorgestellter Kampfmut seine trägen Knie
    erfasste,
zerstampfte er dem milden Weidevieh das Futter
und scheuchte er die Küh, die angstvoll, übers Feld.
Nachdem indes an seinem langen Ohr der Bauer ihn
    ergriffen,
band er mit einem Strick ihn fest und züchtigt'
    ihn mit Schlägen.
Zugleich riss er vom Körper ihm das Fell,
    entblößte ihn
und schalt das unglücksvolle Tier mit diesen
    Worten:
»Vielleicht magst andre du, die dich nicht kennen,
    täuschen;
für mich jedoch bleibst du der Esel, der du immer
    warst!«

AVIAN

Die vier Stiere und der Löwe

Vier kräft'ge Stiere, sagt man, schlossen für
die Wiesen einst
ein Freundschaftsbündnis solcher Art,
dass nie sie, auf die Weide ziehend, Furcht
zersprengte
und bei der Rückkehr Freundschaft sie umschlang.
Nachdem sie unter sich der Hörner Stoß gemessen,
erfasste selbst den Leu, den Herrn der Wälder, Angst;
die hindert ihn, die verschwornen Stiere anzugehen.
Denn wenn er kühn auch war und ungebärdig in
der Leidenschaft,
so fühlte er allein so viel vereinter Kraft sich nicht
gewachsen.
Drum streut er Worte der Verleumdung aus,
geleitet von dem Wunsch, den Bund zu sprengen,
und als mit seinen bösen Reden Spaltung ihm
gelungen,
drang mordend in die arme Schar er ein.
Da seufzte klagend einer von den Stieren:
»Wer ruhig sich
sein Leben will bewahrn, der kann aus unserm
Tode lernen.
Nie möge falschen Worten leihen er sein Ohr
noch jemals alte Treue brechen!«

ROMULUS

Die undankbare Schlange

Wer einem Bösen Hilfe bringt, muss wissen, dass er einen großen Fehler begeht, und wenn er jenem Gutes getan hat, so muss er wissen, dass er durch ihn Schaden erleidet. Darum lasst uns die folgende Fabel anhören!

Weil sie vor Frost und Kälte erstarrt war, nahm einer, um ein gutes Werk zu tun, eine Schlange mit sich; die hielt er in seinen vier Wänden und ließ ihr den ganzen Winter hindurch Gutes zuteil werden. Als sie aber mit der Zeit wieder zu Kräften kam, verhielt sie sich höchst unpassend und verdarb viel mit ihrem Gift. Denn um nicht mit Dank scheiden zu müssen, wollte sie als Frevlerin vertrieben werden.

ROMULUS

Die Fliege und die Ameise

Wer sich selber lobt, geht oftmals vor die Hunde, wie durch die folgende Fabel gelehrt wird. Die Ameise und die Fliege stritten heftig miteinander, wer von ihnen beiden die Bessere wäre. Die Fliege begann: »Wirst du es mir vielleicht an Berühmtheit gleichtun können? Wo geopfert wird, genieße ich als erste die Opferstücke, sogar auf des Königs Haupte kann ich sitzen, und allen Damen gebe ich süße Küsse; du aber kannst nichts von alledem.« Darauf erwiderte die Ameise:

»Das sagst du, du elendes Miststück? Und du preist noch deine Zudringlichkeit? Kommst du etwa je erwünscht? Könige nennst du und unbescholtene Frauen? Lästig bist du, wo du erscheinst, und sagst, dir gehöre alles, und wo du Zugang findest, verscheucht man dich. Überall wirst du als eklig vertrieben, als widerlich verjagt. Im Sommer tust du dich groß; aber wie der Winter kommt, musst du verrecken. Ich dagegen bin verwöhnt. Im Winter bin ich geschützt, unversehrt findet mich die gute Jahreszeit. Die Freuden kommen auf mich zu, dich Schmutztier dagegen vertreibt man mit dem Wedel.«

ROMULUS

Der unbarmherzige Esel

Der Esel und der Ochse waren einmal zum Ziehen in dasselbe Joch gespannt. Da versuchte der Ochse, weil sein Horn krank war, ein bisschen langsamer zu gehen. Der Esel jedoch weigerte sich, irgendeine Erleichterung einzuräumen. Infolgedessen brach das Horn, und der Ochse verendete sogleich davon. Den Kadaver lud der Treiber dem Esel auf. Durch viele Schläge geschwächt, kam dieser zu Sturz, und erdrückt durch die Last, hauchte er mitten auf der Straße sein Leben aus. Die Vögel kamen herzu, flogen auf ihre Beute und sagten: »Hättest du dem Ochsen, als er dich darum bat, Milde gezeigt, so würdest du uns nicht dank deinem frühen Tode zum Fraße dienen.«

MARIE DE FRANCE

Der Mäuserich als Freier

*E*inst wurde ein Mäuserich so vom Hochmut geplagt, dass er nicht mehr innerhalb seiner Ver-
wandtschaft und seinesgleichen eine Frau suchen
wollte. Er sagte, er wolle überhaupt keine, wenn er nicht
eine solche nach seinem Wunsche fände. Um die Tochter
des mächtigsten Wesens wollte der Mäuserich anhalten.

Er ging also zur Sonne, weil sie das höchste Wesen und
im Sommer sehr heiß und mächtig ist, und bat sie um ihre
Tochter, denn höher hinaus wüsste er nichts mehr. Die
Sonne sagte, er solle weitergehen, dann würde er einen
Stärkeren finden; die Wolke, die sie beschattete und be-
deckte, denn sie könne nicht scheinen, wenn die Wolke vor
ihr liege.

Der Mäuserich kam zur Wolke und sagte, er halte sie
für so gewaltig, dass er sie um ihre Tochter bitten wolle.
Die Wolke aber forderte ihn auf weiterzugehen, denn es
gäbe einen Mächtigeren als sie, das sei der Wind, wohlge-
merkt, denn wenn der wehe, so zerteile er sie. »Ich werde
zu ihm gehen«, sagte der Mäuserich, »du magst deine
Tochter für dich behalten.«

Er ging also zum Wind und erzählte ihm, wie die Wolke ihn geschickt habe und wie sie ihn belehrt habe, er sei
das gewaltigste Wesen, er zerteile und zerstöre alles, wenn
er blase, deshalb wolle er seine Tochter nehmen.

Der Wind erwiderte: »Du hast dich getäuscht, hier er-
hältst du keine Frau, denn es gibt einen Stärkeren als mich,

der mir oft Ärger bereitet und der sich mir unbekümmert um meine Gewalt entgegenstellt. Das ist ein großer Turm aus Stein, der alle Zeit fest und ganz ist. Nie kann ich ihn zerbrechen und durch mein Wehen wankend machen, er stößt mich so zurück, dass ich keine Lust mehr habe, mich an ihm zu versuchen.«

Der Mäuserich antwortete: »Von deiner Tochter will ich nichts mehr wissen. Ich muss die Frau des höchsten Wesens erhalten, also gehe ich zum Turm.« Er ging also zum Turm und bat ihn um seine Tochter. Der Turm schaute ihn an und sprach: »Du bist fehlgegangen, und wer dich herschickte, wollte dich verspotten, denn du wirst einen Stärkeren finden als mich, dem ich nicht widerstehen kann.«

»Wer ist denn das?«, fragte der Mäuserich.

»Das ist«, erwiderte der Turm, »die Maus. Sie hat unter mir ihr Nest, und es gibt keinen Mörtel, der so stark wäre, dass sie ihn nicht durchbräche. Sie gräbt unter mir und frisst sich durch mich hindurch, es gibt nichts, das sie aufhalten kann.«

»Was? Ei, ei!«, sagte der Mäuserich, »das sind mir seltsame Neuigkeiten. Die Maus ist ja meine Verwandte. Ich gedachte hoch zu steigen und muss doch zu meiner Art zurückkehren.«

»Das ist dein Schicksal«, antwortete der Turm. »Geh heim und lerne, deine Art nicht mehr zu verachten. Du wirst nie eine Frau finden, Mäuserich, die besser zu dir passt, als eine kleine Maus.«

THOMASIN VON ZERKLAERE

Der Kuckuck

Ich hört von vielen Leuten sagen,
der Kuckuck sei ein Geizeskragen,
der niemals noch gefressen hat
zu einem Mahl ein ganzes Blatt,
weil er stets fürchtet das Gebresten.
Sitzt er nun hoch auf Baumes Ästen,
nur zaghaft er am Blatte nagt,
sein geiz'ger Sinn ihn treibt und plagt.
Er tut's nach geiz'ger Leute Weise,
die ängstlich hüten alle Speise.
Der Geiz'gen Gut, des Kuckucks Laub
vergehen beide, werden Staub.

REINMAR VON ZWETER

Von der federlosen Fledermaus

Die federlose Fledermaus
zum Falken sprach: »Herr Falk,
ich hab in meinem Haus
viel Falkenfedern feil, wollt Ihr die haben,
    seht mich an!«
Ein toller Kuckuck saß dabei,
der meint', im Nachtigallensang er Meister sei.
So prahlten alle zwei mit dem, was keiner je gewann.
Die Fabel zeigt uns einen dummen Mann,

der klugen Leuten bietet Weisheit an
und spricht, er wolle das verkaufen,
was keine Nacht Besitz ihm ward.
Wer nie gewann Haar oder Bart,
den kann man wahrlich sanft nur raufen!

KONRAD VON WÜRZBURG

Fuchs und Affe

um Fuchs einstmals ein Affe sprach:
»Freund, schau, mein Hintern hat kein
Dach!
Schenk mir ein kleines Stück von deinem Schwanz,
dir hängt der Zipfel doch nur in den Mist!«
»Oho«, sprach da der Fuchs, »so lang er ist,
trag ich ihn doch schon lieber ganz.
Nicht anders wie's der Geizhals treibt,
der eher in der Erd' vergräbt, im Kot,
die eigne reiche Habe,
eh' dass er gönnt die kleinste Gabe
dem Armen und ihm lindert seine Not.«

HUGO VON TRIMBERG

Die beiden Kämpfer

inst war ein Kämpfer wohl bekannt
ob seiner Kraft in manchem Land.
Nun war ein andrer in einem
weit'ren Land,
des Kraft man auch recht weit erkannt.
Nun kamen beide sie in eine Stadt,
da das Volk mit Fleiß sie bat,
dass sie zusammen wollten gehn
und dieser im Kampf jenen bestehn.
Da sprach ihrer einer: »Könnt ich mir geben
ein zweites noch zu diesem Leben,
das so lang währt, als dieses tut,
ich hätt' den Leib und auch den Mut,
dass ich der Leben eines wagt an ihm.
Dies wär aber gar dummer Sinn,
wenn ich das Leben, das ich hab
für dummen Ruhme wagt'.«

HUGO VON TRIMBERG

Die Elster und ihre Tochter

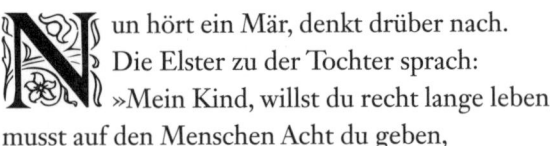un hört ein Mär, denkt drüber nach.
Die Elster zu der Tochter sprach:
»Mein Kind, willst du recht lange leben,
musst auf den Menschen Acht du geben,

der schnell sich bückt und greift zur Erden.
Dein Leben kann er arg gefährden,
wenn er mit Steinen wirft auf dich.
Den Menschen flieh drum, hör auf mich!«
»Den Rat von dir nehm an ich gern.
Doch sag, wie soll ich mich erwehrn,
wenn er schon bei sich trägt den Stein
verborgen unterm Kleide sein?«
Die Elster sprach: »Flieg fort von mir!
Ich kann nicht Ratschlag geben dir,
da du mehr Klugheit zeigst als ich!«

Moral:
Dies Zwiegespräch nicht wundert mich.
Schaut auf die Jugend dieser Welt!
Ob deren Klugheit stand wohl hält
der alten Leut Erfahrenheit?
Zu lernen ist man nicht bereit.
Wer Kinder will in Ordnung halten,
den nennen sie den bösen Alten.
Sie wolln von jener Kost nicht leben,
die man hat uns dereinst gegeben.
Mitnichten ich die Kinder preise,
die vor der Zeit sich dünken weise
und Spötter aller Leute sind;
mit offnen Augen sind sie blind.

Von einem Pfaffen und einem Esel

Jung war ein Pfaff' und dabei klug,
wie man das findet oft genug;
gar stolz war er und hochgemut,
und seine Stimme dünkt' ihm gut.
Mit Fleiß ging dem Gesang er nach,
und glaubt', es tät ihm keiner nach
im Singen: so freut er sich sehr.
Allein, das Singen fiel ihm herzlich schwer,
und doch war er des Sanges voll.
Wenn's auch den Leuten gar nicht wohl
gefiel, er doch beständig sang:
wie ihn sein Narrenglaube zwang.
Einstmals geschah es, dass er sang
in übermäßig hohem Klang
vor dem Altar. Ihn hörte schrein
eine Witwe, die ihr Eselein
verloren hatte vor drei Tagen.
Sie weinte sehr, groß war ihr Klagen.
Als so zu weinen sie begann,
sprach sie der Pfaffe gütig an:
»Frau, sagt mir, was bedeutet das,
dass eure Augen sind so nass?«
Er meint', in Andacht sie versank
durch seiner Stimme süßen Klang.
Er sprach noch: »Soll ich singen mehr?«
»Ach nein, o Herr, es schmerzt zu sehr.«

»Weshalb? Ihr sollt den Grund mir sagen.«
»Gar gern, o Herr, will ich euch klagen,
warum ich hab geweinet hier.
Mein Esel, der so nützte mir,
den hat der Wolf mir aufgefressen:
Den Esel kann ich nicht vergessen.
Wenn ihr allhier so herrlich singt,
so scheint mir's, eure Stimme klingt
wie die von meinem Eselein.
Dadurch musst ich gemahnet sein
an meinen Esel. Lieber Herr,
mich wunderte, wie's möglich wär,
dass eure Stimme könnte sein
so ähnlich meinem Eselein.«
So kam der üpp'ge Pfaff' in Schand,
und seine Stimme ward erkannt,
wenn er auch noch so sehr sich wohl
gefiel, wie noch ein Esel soll.
Wer wähnt, dass er der Beste sei,
dem wohnt ein Narr ganz nahebei.
Mich wundert, dass so nah das Ohr
am Mund und doch nicht schützt davor,
dass doch manch einer verkenne sich
und seine Stimme; das wundert mich.
So mancher denkt, er singe wohl,
des Stimme dennoch hart und hohl,
und schreit, gleichwie der Esel tut.
Hört' er sich selber – das wär gut –
mit fremder Leute Ohren,
er würde nicht zum Toren,

wie an dem Pfaffen hier ward kund.
Also heißt's in der Leute Mund:
Wer übel singt, der singt auch viel,
denn alle er betäuben will.

GESTA ROMANORUM

Die drei Hähne

Es regierte einst der König Gordianus, in dessen Reich lebte ein edler Ritter, der eine schöne Frau besaß; die war ihrem Mann oft untreu. Eines Tages trug es sich zu, dass sich der Mann auf eine weite Reise begab, und die Frau ließ ohne Verzug ihren Liebhaber holen. Sie hatte aber eine Magd, welche die Sprache der Tiere verstand. Als nun der Liebhaber kam, waren damals gerade drei Hähne im Hof. Um Mitternacht, als der Buhle neben der Herrin lag, fing der erste Hahn an zu krähen; wie das die Dame hörte, sprach sie zu ihrer Magd: »Sage mir, meine Liebe, was sagt der Hahn da in seinem Liede?« Diese antwortete: »Der Hahn meint in seinem Schrei: Du tust Unrecht gegen deinen Mann.« Da sprach die Frau: »Der Hahn muss sterben!« Und so geschah es. Einige Zeit nachher krähte der zweite Hahn, und die Frau sprach zur Magd: »Was sagt der Hahn in seinem Schrei?« Die Magd antwortete: »Mein Bruder ist für die Wahrheit gestorben; auch ich bin bereit, für die Wahrheit dessen, was er gesagt hat, zu sterben.« Darauf entgegnete die Frau: »Töte den Hahn!« Und so geschah es. Nachher krähte auch der dritte Hahn. Wie die Frau das hörte, sprach sie zur Magd: »Was sagt der Hahn in seinem Liede?« Diese antwortete: »Höre, schau und schweig dazu, so du leben willst in Ruh!« Darauf versetzte die Frau: »Diesen Hahn lasst leben!« Und so geschah es.

GESTA ROMANORUM

Der Kranke und die Fliegen

Josephus berichtet, dass der Kaiser Tiberius, als man ihn fragte, warum er die Statthalter in den Provinzen so lange in ihren Ämtern ließe, durch ein Gleichnis antwortete: »Ich sah einst einen kranken Mann, der voller Geschwüre war und von Fliegen belästigt wurde. Als ich ihm nun mit einem Wedel die Fliegen verscheuchte, sprach er zu mir: ›Du quälst mich doppelt, während du mich zu trösten meinst; indem du die mit meinem Blut vollgesogenen Fliegen wegtreibst, machst du damit für leere und hungrige Platz. Wer könnte wohl zweifeln, dass die Gier einer hungrigen Fliege doppelt so viel Schmerz verursacht wie die einer gesättigten; er müsste denn ein Mensch sein, der ein Herz von Stein und nicht von Fleisch hat.‹«

HEINRICH STEINHÖWEL

Die Fabel von der Ameise und der Taube

Eine Ameise, vom Durst geplagt, kletterte in einen Brunnen hinab, aber als sie trinken wollte, stürzte sie in das Wasser. Nun stand neben dem Brunnen ein hoher Baum, auf dem eine Taube saß. Als sie die Ameise auf dem Wasser liegen sah, brach sie mit ihrem Schnabel ein Zweiglein von dem Baum und warf es in den Brunnen hinab, an dem stieg die Ameise hinauf und brachte sich in Sicherheit.

Mittlerweile war ein Vogelsteller des Weges gekommen, und weil er die Taube fangen wollte, steckte er seine Kleberuten an eine lange Stange. Als die Ameise das bemerkte, biss sie den Vogelfänger in seinen Fuß. Davon zuckte er zusammen, und die Stange fiel ihm aus den Händen. Von dem Lärm aber erschrak die Taube und schwang sich sogleich von dem Baum in die Luft, und da war sie nun auch von der tödlichen Gefahr errettet. Also hatte die Ameise die gute Tat, die die Taube an ihr verübte, mit Gleichem vergolten, und so sollen die Menschen lernen, Gutes zu tun und zu erwidern.

Wolf und Esel

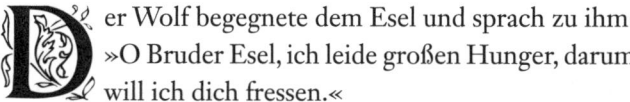er Wolf begegnete dem Esel und sprach zu ihm: »O Bruder Esel, ich leide großen Hunger, darum will ich dich fressen.«

»Was dir gefällig ist, das tue«, antwortete der Esel, »denn du hast mir zu gebieten, und ich muss dir gehorsam sein; außerdem befreist du mich damit nur von großer Mühe und Plage, würdest du mich essen. Denn ich schleppe den Wein aus der Kelterei, das Korn von der Tenne, das Holz aus dem Wald und die Steine aus den Bergen, mit denen man die Häuser baut; das Korn trage ich in die Mühle und das Mehl wieder heim, kurzum, alle schwere Bürde, alle Arbeit liegt auf mir. Darum verfluche ich den Tag meiner Geburt. Ich bitte dich nur um eines, und das wirst du mir gewiss nicht abschlagen, nämlich, dass du mich nicht hier auf der Straße verzehrst. Es wäre wirklich eine Schande für mich, und wenn es die Nachbarn oder gar meine Herrn sähen, so würden sie sagen: ›O wie schandbar, dass sich unser Esel ohne Widerstand von dem Wolf hat fressen lassen.‹ Deshalb bitt ich dich, auf meinen Rat zu hören. Wir wollen in den Wald gehen und aus grünen Gerten starke Schlingen flechten. Die bindest du mir um meine Brust als deinem Knecht, und ich binde sie dir um den Hals als meinem Herrn, der seinen Knecht gefangen führt, und so führst du mich tief in den Wald, dort magst du mich in guter Ruhe verspeisen, und ich möge dir wohl munden.«

Der Wolf ahnte nichts von einer List, und er sprach: »Es gefällt mir nicht übel, was du vorhast, lass uns also gehen.«

Da machten sie sich zusammen auf den Weg und begannen, starke Schlingen aus den Ruten zu machen, die sie brachen. Der Wolf flocht, und der Esel legte an, und als der Wolf den Esel fest um die Brust und der Esel den Wolf gehörig um den Hals gebunden hatte, sprach der Esel: »Wenn es dir recht ist, dann wollen wir jetzt gehen.«

»Zeige mir nur den Weg«, sagte der Wolf, und der Esel antwortete: »Dies tu ich gern.« Als der Esel nun aber den Weg zu seines Herren Haus einschlug, da sprach der Wolf, der den Weg erkannte: »Wir sind hier auf dem falschen Weg.«

»So solltest du nicht reden, Herr«, erwiderte der Esel, »wir gehen richtig, ob es dir nun gefällt oder nicht.«

Da erkannte der Wolf die List, stemmte sich mit Füßen auf die Erde und sträubte sich, so sehr er nur konnte. Aber der Esel zog ihn mit aller Gewalt weiter und brachte ihn zuletzt vor seines Herrn Tür geschleppt. Da kam der Herr mit seinen Knechten aus dem Haus gelaufen, und sie schlugen den Wolf fast zu Tode. Als ihm aber endlich ein Knecht mit einer Axt den Schädel spalten wollte, da zerschlug er die Schlinge, mit welcher der Wolf gebunden war, und der Wolf konnte sich losmachen und entkam auf einen Berg. Der Esel aber kehrte in seinen Stall zurück, und die Angst, die er vorm Wolf ausgestanden, und die Freude, dass er noch einmal davongekommen war, hießen ihn mit lauter Stimme zu schreien.

Der Wolf auf seinem Berge hörte das und erwiderte:

»So laut kannst du weder heulen noch singen, dass du mich jemals wieder in die Schlingen bringst.«

Diese Fabel lehrt, dass wir uns auf Ratschläge desjenigen, den wir zu schädigen begehren, nicht einlassen sollen, auch wenn wir das Spiel schon gewonnen glauben; und zum andern: Wenn wir einmal hereingefallen sind, dann sollten wir für das nächste Mal daraus lernen.

LEONARDO DA VINCI

Das Rasiermesser

Es war einmal im Laden eines Barbiers ein schönes Rasiermesser. Eines Tages, als niemand im Laden war, verspürte es Lust, sich einmal umzusehen; und indem es die Klinge aus dem Griff löste, in welchem es wie in einer Hülse ruhte, begann es sich des schönen Frühlingswetters zu freuen. Als das Rasiermesser sah, wie die Sonne sich in seinem Körper widerspiegelte, war es überrascht und erstaunt: Die stählerne Klinge sprühte so viel Glanz, dass das Rasiermesser in überschäumendem Stolz plötzlich zu sich sprach:

»Und ich soll zurückkehren in diesen Laden, aus dem ich ausgebrochen bin? Auf gar keinen Fall! Die Götter wollen nicht, dass eine Schönheit wie die meine sich auf diese Weise versteckt. Es wäre eine Torheit, dort zu bleiben, um die eingeseiften Haare dieser Dorftölpel zu schneiden, immer wieder die gleichen mechanischen Bewegungen wiederholend! Dieser mein edler Leib wäre für solche Übungen bestimmt? Ausgeschlossen! Eben darum werde ich mich an einem geheimen Ort verbergen, um mich in Ruhe der mir verbleibenden Tage zu erfreuen.«

Unter solchen Reden suchte das Rasiermesser ein Versteck und ward nicht mehr gesehen.

Es vergingen Monate. Eines Tages, als es ein wenig frische Luft schöpfen wollte, verließ das Rasiermesser sein Versteck, trat vorsichtig aus dem Griff und betrachtete sich.

O weh! Was war geschehen? Die Klinge war hässlich wie eine rostige Säge und spiegelte keinen Strahl Sonne wider.

Das Rasiermesser, erbittert und betroffen, beklagte den unersetzlichen Verlust, den es erlitten, und sprach:

»Oh, wie viel besser wäre es doch gewesen, meine schöne Klinge geschärft in der Übung zu halten und die eingeseiften Bärte zu schneiden! Meine Oberfläche wäre strahlend geblieben, meine Schneide hauchfein! Wie sehe ich jetzt aus: gerötet und verkrustet vom hässlichen Rost! Und es gibt keine Abhilfe!«

Das gleiche betrübliche Ende des Rasiermessers ist auch den Personen bestimmt, die, anstatt Tugend zu üben, es vorziehen, sich dem Müßiggang zu ergeben. Auch sie, wie das Rasiermesser, verlieren die Schärfe und den Glanz ihres Talentes, und bald frisst sie der Rost der Unwissenheit.

LEONARDO DA VINCI

Der Schwan

Der Schwan neigte den biegsamen Hals aufs Wasser und spiegelte sich lange.

Da begriff er die Ursache seiner Müdigkeit und dieser Kälte, die seinen Körper wie mit Zangen griff und zittern machte wie im Winter: Mit absoluter Gewissheit wusste er, dass seine Stunde geschlagen hatte und dass er zum Sterben bereit sein musste.

Seine Federn waren noch weiß wie am ersten Tag seines Lebens. Er hatte Jahre und Jahreszeiten durchmessen, ohne sein unbeflecktes Kleid zu beschmutzen. Jetzt konnte er Abschied nehmen und sein Leben in Schönheit beschließen.

Den schönen Hals hebend, steuerte er langsam, fast feierlich unter eine Trauerweide, wo er an heißen Tagen zu ruhen pflegte. Es war schon Abend. Der Sonnenuntergang verfärbte das Seewasser purpurn und violett. Und in dem großen Schweigen, das sich auf alles niedersenkte, begann der Schwan zu singen.

Niemals zuvor hatte er Töne so voller Liebe für alle Natur, für die Schönheit des Himmels, des Wassers und der Erde gefunden. Sein süßester Gesang verschwebte in der Luft, von Schwermut umflort, bis er sich leise, leise verlor, eins mit dem letzten Licht des Horizontes.

»Es ist der Schwan«, sagten bewegt die Fische, die Vögel, alle Tiere des Waldes und der Wiesen, »es ist der Schwan, der stirbt.«

JOHANNES PAULI

Den Orden legt man einer Katze an

In einem Kloster lebte eine Katz, die war eine gute Mäusejägerin, keine Ratte war vor ihr sicher. Die Klosterfrauen wurden zu Rat, dass sie der Katze einen Orden wollten anlegen, damit sie hernach desto geflissner Mäus und Ratten finge. Als die Katz nun den Orden angelegt hatte, da setzte sie sich hintern Ofen und tat nichts und kam nicht mehr hervor, man wollte dann essen.

Die Klosterfrauen sprachen zu ihr: »Liebe Schwester, wie kommt es, dass du nicht mehr Mäuse fängst?« Sie antwortete: »Ich bin nun des Pfründleins gesichert, ich brauch nicht mehr Mäus fangen, meine Statthalter und Knecht tun es. Ich bin jetzt der anderen Katzen Meister.«

So ist's noch. Dieweil wir arme Priester sind und Schüler, so sind wir ehrbar mit Beten und in die Kirche gehen, so demütig, so kindisch. Wenn wir aber reich werden und viele Pfründen bekommen, so haben wir kleine Kaplän, die für uns beten, die sorgen, dass uns keine Leckerei fehle. Hätten wir nur auch einen, der für uns in die Hölle führe!

JOHANNES PAULI

Der Wolf verklagt den Fuchs falsch

Es kam ein Wolf zu einem Löwen und verklagte den Fuchs und sprach, der Fuchs wär auf die Hochzeit des Löwen geladen gewesen, er wär aber nicht kommen und hätte den Löwen geschmäht, indem er zur selbigen Zeit Gäns, Enten und Hühner gefangen hätt.

Der Fuchs hörte von dieser Anklage, hörte auch, dass der König der Löwen krank wär. Da nahm er eine Büchs mit Arznei, besudelte sich damit, kam zum Löwenkönig und sprach: »Herr, ich bin in der Zeit der Hochzeit in Salerna gewesen bei einem Arzt. Der hat euch da in der Büchsen was geschickt, das sollt ihr einnehmen. Auch sagt' er, ihr sollt nach einem Wolfspelz lugen, sollt euch den übern Magen decken. Das ist gut gegen euer Gebrechen.« Als man daraufhin dem Wolf die Haut abzog, da bleckt' der Fuchs die Zähn über ihn und sprach: »Morgen wirst du keinen mehr fälschlich verklagen!«

Also kommt es oft, dass einer einem eine Grube gräbt und fällt selber darein. Es soll auch niemand den andern fälschlich verklagen. Es sein auch etliche, die andre verklagen, weil sie sich selbst wollen damit beschönen und ihren eigenen Kot bedecken.

SEBASTIAN BRANT

Fuchs und Löwe

Die Gewohnheit bewirkt, dass das, was zunächst ganz furchtbar erscheint, wird für den Menschen schließlich ganz harmlos. Wovor sich anfangs einer sehr gefürchtet hat, das erscheint ihm, sobald er sich daran gewöhnt hat, gering. Zählt man alles zusammen, dann ist nichts größer als die Gewohnheit. Sie bewirkt, dass alles leicht wird, was vorher schwer erschien. Und wie leicht wird letztlich das, was hart und schrecklich war, aufgrund der Gewöhnung, die es erträglich macht.

Ein Fuchs hatte noch niemals einen Löwen zu Gesicht bekommen. Da wollte es der Zufall, dass ihm einer begegnete, und es befiel ihn ein solcher Schrecken, dass nicht viel gefehlt hätte und er wäre auf der Stelle gestorben. Als er den Löwen das nächste Mal traf, da war er zwar wiederum erschrocken, aber lange nicht mehr so sehr, wie beim ersten Mal. Beim dritten Male endlich, als ihm der Löwe unterkam, erschrak er nicht nur nicht mehr, sondern ging sogar ganz beherzt auf ihn zu, sprach ihn an und unterhielt sich mit ihm.

Die Fabel zeigt, dass Gewöhnung und häufiger Umgang bewirken, dass das, was zunächst ganz entsetzlich und furchterregend erscheint, weder schrecklich noch fürchterlich ist.

MARTIN LUTHER

Von der Stadtmaus und der Feldmaus

Eine Stadtmaus ging spazieren und kam zu einer Feldmaus. Die tat ihr gütlich mit Eicheln, Gersten, Nüssen und womit sie konnte. Aber die Stadtmaus sprach: »Du bist eine arme Maus, was willst du hier in Armut leben? Komm mit mir, ich will dir und mir genug schaffen von allerlei köstlicher Speise.«

Die Feldmaus zog mit ihr hin in ein herrlich schönes Haus, darin die Stadtmaus wohnte, und sie gingen in die Kammern, die voll waren von Fleisch, Speck, Würsten, Brot, Käse und allem; da sprach die Stadtmaus: »Nun iss und sei guter Dinge, solcher Speise habe ich täglich im Überfluss.« Indes kam der Kellner und rüttelte mit den Schlüsseln an der Tür. Die Mäuse erschraken und liefen davon: Die Stadtmaus fand bald ihr Loch, aber die Feldmaus wusste nirgends hin, lief die Wand auf und ab und gab schon ihr Leben verloren. Da der Kellner wieder hinaus war, sprach die Stadtmaus: »Es hat nun keine Not, lass uns guter Dinge sein.« Die Feldmaus antwortete: »Du hast gut reden, du wusstest dein Loch fein zu treffen, derweil bin ich schier vor Angst gestorben. Ich will dir sagen, was meine Meinung ist: bleib du eine Stadtmaus und friss Würste und Speck, ich will ein armes Feldmäuslein bleiben und meine Eicheln essen. Du bist keinen Augenblick sicher vor dem Kellner, vor den Katzen, vor so vielen Mäusefallen, und das ganze Haus ist dir feind. Von alldem bin ich frei und bin sicher in meinem armen Feldlöchlein.«

MARTIN LUTHER

Vom Frosch und der Maus

Eine Maus wäre gerne über ein Wasser gewest, da bat sie einen Frosch um Hilfe. Der Frosch war ein Schalk und sprach zur Maus: »Binde deinen Fuß an meinen Fuß, so will ich schwimmen und dich hinüberziehen.« Da sie aber auf das Wasser kamen, tauchte der Frosch hinunter und wollte die Maus ertränken. Indem aber die Maus sich wehrte und mühte, flog ein Weih daher, erhascht die Maus, zog den Frosch auch mit heraus und fraß sie beide.

MARTIN LUTHER

Von dem Löwen, Fuchs und Esel

Ein Löwe, Fuchs und Esel jagten miteinander und fingen einen Hirsch; da hieß der Löwe das Wildbret teilen. Der Esel machte drei Teile; darüber ward der Löwe zornig und riss dem Esel die Haut über den Kopf, dass er blutrünstig dastand, und hieß darnach den Fuchs das Wildbret teilen. Der Fuchs stieß die drei Teile zusammen und gab sie dem Löwen. Da sprach der Löwe: »Wer hat dich so gelehrt teilen?« Der Fuchs zeigte auf den Esel und sprach: »Der Doktor da im roten Barett.«

Der Rabe und der Fuchs

In seiner Höhle lag ein alter Fuchs,
in dem der Hunger groß aufwuchs.
Im Anschluss Folgendes geschah,
er einen Rabe fliegen sah.
Der Rab in seinem Hunger heiß
war aus auf eine gute Speis;
er suchte wohl nach einem Aas.
Als nun der Fuchs bemerkte das,
war er mit Listen gar nicht träg,
legt sich gestrecket auf den Weg
mit eingefallnen dürren Wangen
und ausgestrecktem Hals, dem langen.
Er wehrte sich das Atmen ganz,
ohn Regung ruhte auch sein Schwanz.
Den hungrig Raben wollt er trügen,
ob der herab würd fliegen,
um ihm die Augen auszuhacken.
Dann würd den Rab am Hals er packen,
und könnt ein Nachtmahl an ihm haben.
Als nun der Fuchs ward von dem Raben
so ausgestreckt am Boden ward gesehen,
da wollt der Rab dem Grund nachspähen,
denn er war vorsichtig und klug,
er wagt zum Fuchsleib einen Flug.
Da sah er nun an dieser Stätt,
dass jener Atem ziehen tät

ganz heimlich durch den Hals – aus, ein.
Der Rab erkannt die List gar fein
und flog davon. Allein
nahm in den Schnabel er ein' Stein
und flog in die Luft mit Schallen,
den Stein ließ auf den Fuchs er fallen.
Der Fuchs erstand alsbald vom Tod
und hat zum Schaden noch den Spott.
Moral: Die Fabel hier der weisen Alten
soll recht man im Gedächtnis halten.
Man lerne, vorsichtig zu sein,
weil Untreu herrschet allgemein
auf Erden hier in allen Ständen,
in geistlich, weltlich Regimenten.
Untreu ist auf der Welt gemein,
verbirgt sich unter gutem Schein,
als sei nichts da denn Lieb und Treu.
G'schieht Judas' Kuss doch täglich neu!
Lach mich an und gib mich hin!
Dass ist aller List'gen Sinn.
Das nehm ein Mann zur Lehr allein:
Wenn er nicht will betrogen sein,
dann schenk er nicht zu viel Vertrauen,
mit Fleiß soll er stets für sich schauen,
dass er nicht leicht zu trügen wär;
denn wo zu weit vertrauet er,
da wird gewisslich er betrogen
und an der Nas herumgezogen.
Gar bald in ihm dann Reue wachs,
hat Spott zum Schaden, spricht Hans Sachs.

Der geizige Wolf

Uns ist im Buch der weisen Alten
eine schöne Fabel vorbehalten.
Von einem Jäger weiß sie was,
wie er verborgne Weg und Straß
durchpirschte täglich in den Wald
wo vieler Tiere Aufenthalt.
Ob Hirsch, ob Bär, ob Reh, ob Schwein,
stets brachte es ihm ein Wildbret ein.
Die Armbrust war sein starke Wehr,
die trug er stets mit sich umher.
Sein einzig Freude war die Jagd.

Es war im Mai. Bevor es tagt',
da schlich er durch den Wald, der groß,
wo er einen Rehbock schoss.
Den hängte er sich auf den Rücken,
ihn heimzutragen sollt nicht glücken.
Als er im Holzweg ging daher,
da sah er, wie ein großer Bär
hervor aus dem Gesträuche bricht.
Der Jäger konnt entfliehen nicht.
Den Rehbock warf er ab. Die Hand
gar eilends seine Armbrust spannt',
er legte auf den scharfen Pfeil,
den Bärn zu schießen in der Eil.
Der Bär voll Wut nun auf ihn drang,

dass eilends er zurücke sprang.
Und als er konnt nicht schießen mehr,
da ließ er fallen seine Wehr,
die Armbrust mit gespanntem Pfeil.
Er zückt' sein Messer in der Eil.
Der Bär jedoch konnt grimm'ger drücken,
er bald den Jäger auf den Rücken
voll Ungestüm darniederwarf.
Mit seinen Nägeln spitz und scharf
des Jägers Leib er nun zerriss.
Der Bär nicht eher von ihm ließ,
bis dessen Atem ganz war aus.
Der Bär jedoch nach diesem Kampf
zum toten Jäger setzte sich.
Die Wunden schmerzten fürchterlich,
sie waren gleichfalls tödlich tief.
Der Bär die Wunden all begriff,
in seinem Grimm er sie aufriss,
die Seel er mit dem Blut ausließ.
Nach kurzer Zeit ein Wolf, gar alt,
getrollet kam durch diesen finstren Wald.
Er fand auf diesem Platze frei
die toten Körper alle drei.

Der Wolf tat zu sich selber sagen:
»Mein Glück hat mich hierhergetragen.
Die drei sind tödlich gar verletzt,
ich bring in meine Höhl sie jetzt,
sie sind ein trefflich Vorrat mir.
Satt fressen will ich mich allhier

mit Ochsenadern von der Wehr.
Die Körper will ich halten mehr,
bis mich der Hunger zwingen tut.«
Und so der Wolf aus geiz'gem Mut
die Armbrustsehne nagte an.
Der Pfeil sich löste alsodann,
und stieß den Wolf durch Leib und Bauch.
So kam der Wolf zu Tode auch.

Moral: Damit die Fabel hat ein End,
aus der zwei Stück ihr merken könnt:
Das erste Beispiel der Jäger sei.
Das ist ein Mensch, der redlich, frei,
der seine Mahlzeit muss allzeit
verdienen in Gefährlichkeit
in dieser ungetreuen Welt.
Beim Wolf es anders sich verhält:
Den Wolf ich mir nur denken kann
als einen protzig reichen Mann,
dem all sein Gut in jedem Stück
ist zugefalln durch großes Glück
und nicht durch Arbeit, Angst und Müh.
Der Reiche sitzt nun spät und früh
auf seinem großen Hab und Gut,
doch zeigt er kargen, filz'gen Mut.
Weil er es selbst nicht will genießen,
wird er es stets gar fest verschließen.
Er fürchtet sehr, ihm werd zerrinnen
sein Reichtum. Drum mit geiz'gen Sinnen,
wenn er ein Pfennig geben soll,

dann dreht er dreimal um ihn wohl.
Gott hat ihm Reichtum viel gegeben,
doch führet er ein kärglich Leben
voll Mangel und voll Ungemachs
trotz seines Reichtums, spricht Hans Sachs.

HANS WILHELM KIRCHHOF

Die List des Fuchses und des Storches

Zu einem Storch kam ein Fuchs. Je einer klagte dem andern seinen merklichen Mangel und Hunger. »Denn die Frösch«, sprach der Storch, »tunken sich unter das Wasser und fliehen unter die Stöck am Ufer, sobald sie meine Ankunft vermerken.«

»Eben also auch«, klagte der Fuchs, »ist mirs nicht möglich, die Mäuse aus ihren Höhlen zu langen.« Nach mehreren Ratschlägen aber entschlossen sie sich, die Sach also anzuheben:

Der Fuchs ging zum Gestad eines Sees, darinnen viel Frösch ihre Wohnung hatten. Er sagte zu ihrem König, dass er eilends käm, ihm anzuzeigen, dass die Mäus vorhätten, die Frösch heimlich und meuchlings zu überfallen. Sie sollten es aber frisch mit den Mäusen wagen, denn er, der Fuchs, wollte ihnen seinen Beistand treulich zusichern. Diesen Worten glaubten die Frösch alsbald und versprachen, den Kampf aufzunehmen.

Andernteils tat auch der Storch vor der Festung der Mäuse sagen, wie die Frösche aus großer Hoffart und Vertröstung auf ihre Stärke vorgefasst hätten, die Mäus zur gemeinen Feldschlacht zu fordern, und dies gar bald und eilends. Die Frösch hätten auch schon den Platz da und da ernennet. Darum würde es schimpflich und ihnen übel nachzusagen sein, solches abzuschlagen. Es sollte ihnen jedoch an seinem Beistand und gutem Rat nicht fehlen.

Siehe, also wurden diese beiden Teil zum Kriege angehetzt und mit Zorn über und wider einander erhitzt, so dass jeder sich befliss, als Erster und Bestgerüsteter auf der Kampfstatt zu erscheinen. Der Fuchs bracht andere Füchse mit, auch der Storch mehrere Störche; Füchs umgaben die Mäuse, Störch die Frösch, hielten also mit ihnen Haus, dass ihrer wenig die Haut davonbrachten.

Kehr dich nicht an all los Geschwätzt,
das dich zur Raserei aufhetzt
und späte Reu dir bringt zuletzt!

HANS WILHELM KIRCHHOF

Von eines Kamels Glück und Unglück

Bei einem Löwen hatte sich ein Kamel, das sich verirret und in diese Wildnis gekommen war, in Dienst begeben, wo es seiner Geschicklichkeit halber wohl angesehen und vor allen anderen Tieren hochgehalten ward. Derhalben es ihm hinwieder an Missgönnern, die ihm sein Glück und Wohlstand neideten, nicht mangelte. Insonderheit waren unter andern ihm des Königs Diener heimlich entgegen; ein Wolf, Fuchs und Rabe, die allerlei Ränke und Schwänke erdachten, das Kamel zu unterdrücken, weil sie, wie sie sagten, einer anderen Natur seien, das heißt: Fleisch und nicht Kraut essen würden, wie das Kamel.

> Ein jeder seh, dass er allzeit
> Gemeinschaft jener Menschen meid,
> die in ihrem Sinn viel böser seind,
> denn er und ihm halb werden feind.
> Darauf dies Gleichnis ist gemeint.

Nun begab es sich, dass der König in einem Kampf, den er mit dem Elefanten ausfocht, schwer verwundet wurde und krank ward. Da rieten ihm die Ärzte, die Wolf, Fuchs und Rabe zu ihm geschickt hatten, das Fleisch des Kamels zu essen, weil dieses, der guten Kräuter wegen, die dieses Tier zu sich zu nehmen pflegt, sehr gesund sei. Die Sache brauchte sich auch nicht zu säumen, da er doch ein Kamel an seinem Hof in der Gewalt habe, und dies gar sonderlich nutz und gut vor allen anderen sei. Der Löwe gab solches wohl zu, erschrak aber dieses Rats nicht wenig. »Weil ich«, sagte er, »dem Kamel mit eigenen Worten zugesagt habe, dass es bei meiner Treu aller Wohlfahrt gesichert sei, ist dieser euer Rat mir fast zuwider. Ich fürchte, dass dadurch meine Krankheit vielleicht nicht fortgenommen, sondern gemehret würde. Denn es ist in der ganzen Welt – und in sonder für einen König – keine größere Gerechtigkeit, als Unschuldigen zu Hilfe zu kommen und zu sorgen, dass ihr Blut nicht vergossen werde.« So hatte der Löw große Bedenken. Damit nun der Löw nicht anders beredet würde, ja ihre Verräterei gegen das Kamel nicht ruchbar würde, beratschlagten Wolf, Fuchs und Rabe also zu tun: das Kamel mit seinen eigenen Worten ins Unglück zu stürzen.

Sie gingen sämtlich zu dem Löwen, das Kamel mit ihnen, unwissend ihres tödlichen Vorsatzes. Der Schwätzer Rabe hub also an zu reden: »Herr König, jetzt seid ihr fast dem Tod geweiht und bedenkt nicht, euch selbst zu helfen. Uns aber gebühret, unsere eigne Person hinzugeben, um der Treu und Barmherzigkeit willen, so uns vom König ist erzeiget. Denn von euch haben wir unser Leben und hoffen, dass unsere Nachkommen von euch leben werden; denn durch einen – des Königs – Leib werden alle Leibe dieses Hauses erlöset. Aber das ganz Geschlecht und alles Volk des Königs wäre durch seinen Tod verwaiset. Und deswegen, um eurer Gesundheit aufzuhelfen, will ich, dass ihr mich esst.«

Der Wolf sprach: »Schweig, ja schweig nur bald, sag, ich, still! Dein Fleisch ist nicht gut, und ungesund Fleisch wäre dem König nicht nütz und mehrete die Krankheit. Du hast ein ganz schwarzes Fleisch; mein Fleisch ist besser, der König soll mich essen.« Darauf antwortete dem Wolf der Fuchs: »Dein Fleisch kann dem König nimmermehr gesund sein, nur wer sich gern töten will, der esse deines Fleisches.« Sprach der Fuchs weiter: »Der König esse mich!« Das Kamel sprach: »Fuchs, was sagst du? Dein Fleisch ist wässerig und dein Leib voller Unreinigkeit.« Das einfältige Kamel wollte, dass von der Tötung der Gesellen abgeredet werde. Es kam ihm nicht in den Sinn, dass solche Worte allein Hof-Wort und ihm selbst zu großen Schaden gesprochen wären. Es sagte der Unsinnigkeit halber: »Herr König, esset mich! Ich will euch mit meinem Fleisch dienen, das voll lustiger Speis, von gutem, reinem Blut und gutem Fleisch ist, durchwachsen mit Fett. Darum, Herr König, nehmet und esset mich.« Der Fuchs, samt den anderen, antwortete: »Kamel, dein Geschlecht nach dir soll reich dafür belohnt werden, dass du dich zur Aufgabe deines Leibs geben hast. Und, Herr König, wer sich selbst dargibt, an dem wird nicht gefrevelt.« Zogen also, auch ganz gegen des Königs Willen, das Kamel zu Erden, gaben es dem König und sich selbst zur Speise.

Bedenk's, glaub ihnen nicht zu viel,
denn wenn ein Neidhart ist im Spiel,
erreicht er, was er haben will.

JEAN DE LA FONTAINE

Die Grille und die Ameise

rillchen, das den Sommer lang
zirpt' und sang,
litt, da nun der Winter droht,
harte Zeit und bittre Not:
nicht das kleinste Würmchen nur,
und von Fliegen keine Spur!
Und vor Hunger weinend leise
schlich's zur Nachbarin Ameise;
fleht sie an in ihrer Not
ihr zu leihn ein Körnlein Brot,
bis der Sommer wiederkehre.
»Glaub mir«, sprach's, »auf Grillenehre,
vor dem Erntemond noch zahl
Zins ich dir und Kapital.«
Ameischen, die, wie manche lieben
Leute, das Verleihen hasst,
fragt die Borgerin: »Was hast
du im Sommer denn getrieben?«
»Tag und Nacht hab ich ergötzt
durch mein Singen alle Leut.«
»Durch dein Singen? Sehr erfreut!
Weißt du was? Dann – tanze jetzt!«

JEAN DE LA FONTAINE

Der Frosch, der dem Stier
an Größe gleichen wollte

in Frosch sah einstmals einen Stier,
des Wuchs ihm ungemein gefallen.
Kaum größer als ein Ei, war doch voll
   Neid das Tier;
er reckt und bläht sich auf mit seinen Kräften allen,
dem feisten Rind an Größe gleich zu sein.
Drauf spricht er: »Schau, mein Brüderlein,
ist's nun genug? Bin ich so groß wie du?« –
   »O nein!«
»Jetzt aber?« – »Nein!« – »Doch nun?« –
   »Wie du dich auch abplagst,
du wirst mir nimmer gleich!«
Das arme kleine Vieh
bläht sich, und bläht sich, bis es – platzt.

Wie viele gibt's, die nur nach eitler Größe dürsten!
Der Bürgersmann tät's gern dem hohen Adel gleich,
das kleinste Fürstentum spielt Königreich,
und jedes Gräflein spielt den Fürsten.

JEAN DE LA FONTAINE

Die Eiche und das Schilfrohr

Die Eiche sprach zum Schilf: »Du hast,
so scheint es mir, guten Grund,
mit der Natur zu grollen:
Zaunköniglein ist dir schon eine schwere Last;
der Windhauch, der in leisem Schmollen
des Baches Stirn unmerklich fast
kräuselt, zwingt dich den Kopf zu neigen,
indes mein Scheitel trotzt der heißen Sonne Glut,
gleich hoher Alpenfirn, und nicht des Sturmes Wut
vermag mein stolzes Haupt zu beugen.
Was dir schon rauer Nord, scheint linder
    Zephir mir.
Ja, ständst du wenigstens, gedeckt von meinem
    Laube,
in meiner Nachbarschaft! Dann, glaube,
gern mein Schutz gewährt' ich dir,
du würdest nicht dem Sturm zum Raube.
So aber stehst am feuchten Saum
des Reichs der Winde du in preisgegebnem Raum.
Sehr ungerecht an dir hat die Natur gehandelt!«
»Das Mitleid«, sagt das Rohr, »das plötzlich dich
    anwandelt,
von gutem Herzen zeugt's, doch sorge nicht um
    mich!
Glaub, minder drohet mir als dir der Winde Toben;
ich bieg, ich breche nicht. Bis heut zwar hieltst du dich

und standst, wie furchtbar sie auch schnoben,
fest, ungebeugt an deinem Ort.
Doch warten wir es ab!« Kaum sprach sie dieses
    Wort,
da, sieh, am Horizont in schwarzer Wolke zeigt sich
und rast heran, ein Sturmesaar,
der Schrecken schrecklichster, den je der Nord gebar.
Fest steht der Baum, das Schilfrohr neigt sich.
Der Sturm verdoppelt seine Wut
und tobt, bis er entwurzelt fällte
den, dessen stolzes Haupt dem Himmel sich gesellte,
und dessen Fuß ganz nah dem Reich der Toten ruht.

JEAN DE LA FONTAINE

Die Hündin und ihre gute Freundin

rau Hündin, nah dem Muttersegen
und ob der süßen Last in großer
    Wohnungsnot,
fleht eine Freundin an, die schließlich sich erbot,
die Hütte ihr zu leihn, die Last drin abzulegen.
Die gute Freundin kehrt nach ein'ger Zeit zurück;
die Hündin bittet sie um nur noch vierzehn Tage –
Die Kleinen machten grad' ihr mit dem Laufen
    Plage –
Und sie erhält's im Augenblick.
Auch diese Frist verstreicht; die Freundin kommt
    vom Lande,

zurückzufordern Bett und Haus.
Die Hündin aber zeigt die Zähn' ihr und ruft aus:
»Ich ging, wenn du den Mut, mich und die ganze
    Bande
gleich an die Luft zu setzen, hättst!«
Die Kleinen waren Riesen jetzt.

Was du 'nem Schurken gibst, du wirst es stets bedauern.
Leihst du ihm was, kannst lange lauern,
kaum kriegst du's wieder mit Gewalt;
er wird sich erst verklagen lassen.
Gib einen Finger ihm, und bald
wird deine ganze Hand er fassen.

JEAN DE LA FONTAINE

Der Löwe und die Mücke

lend Insekt, der Erd' Auswurf, willst gleich
dich scheren?«
Dies Wort rief einst der Löw' in Wut
der Mücke zu. Die hatte Mut,
sofort den Krieg ihm zu erklären.
»Meinst du«, sprach sie zu ihm, »dass du der König
    bist,
soll mich mit Sorg und Angst erfüllen?
Der Ochs, der noch weit stärker ist,
ich lenk ihn doch nach meinem Willen!«
Dem Worte folgt sogleich die Tat:

Zum Angriff gibt sie selbst das Zeichen,
zugleich Trompeter und Soldat.
Erst sucht sie schlau ihm auszuweichen;
doch flink um seinen Hals dann schwirrt
sie, dass der Leu fast rasend wird.
Er schäumt, und Funken sprüht das Aug' des wilden
    Recken;
er brüllt, und ringsumher erzittert Tal und Berg;
und dieser allgemeine Schrecken
ist einer kleinen Mücke Werk.
An hundert Stellen sucht das Mücklein ihn zu
    necken:
bald sticht's am Rücken ihn, bald macht's am Maul
    ihm Pein,
bald kriecht's ihm in die Nas' hinein.
Nun hat des Löwen Wut erreicht den höchsten
    Gipfel;
der unsichtbare Feind, wie triumphiert er jetzt,
da Klaue nicht noch Zahn, kurz, nicht der kleinste
    Zipfel
des schmerzgequälten Tiers mehr heil und
    unverletzt!
Der arme Leu zerfleischt sich selber, an die Weichen
schlägt er den mächt'gen Schweif, er schlägt in
    kind'schem Sinn
selbst die unschuld'ge Luft. Dies Wüten
    ohnegleichen
erschöpft ihn, macht ihn matt, und bald ist er
    ganz hin.
Ruhmreich kehrt das Insekt zurück aus diesem Kriege,

und wie zum Angriff erst, so bläst es jetzt zum Siege,
ihn kündend überall. Da findet's einen Ort,
wo heimlich lauert eine Spinne;
es findet auch sein Ende dort.

Was uns die Fabel lehrt, fragst du mit klugem Sinne?
Dass von den Feinden – dies merk dir zuerst, mein
      Kind –
die Kleinsten grade oft die Allerschlimmsten sind;
und dass, die mit Erfolg große Gefahr bestehen,
an Kleinem oft zugrunde gehen.

JEAN DE LA FONTAINE

Der Bauer und seine Kinder

Als einst dem Tode nah sich fühlt' ein
      reicher Bauer,
      rief seine Kinder er allein heran und sagt:
»Nehmt euch in acht«, spricht er, »verkauft das
      Erbe nimmer,
das unsrer Väter frommer Sinn
uns ließ: es liegt ein Schatz darin.
Zwar weiß ich nicht den Ort; doch ein'ger Mut
      führt immer
zum Ziel, er hilft zuletzt auch euch zu eurem Schatz.
Gleich nach der Ernte grabt nur nach an jedem Platz;
wühlt rings den Acker auf und sorgt, dass allerwege
man unablässig Hand anlege.«

Der Vater starb, die Söhn' umwühlten ganz und gar
den Acker, rechts und links, so dass im nächsten Jahr
er reich're Ernte ihnen brachte.
Von Geld war nichts zu sehn; allein der Vater dachte
sehr weise, da er sie den Satz
gelehrt: Die Arbeit ist ein Schatz.

JEAN DE LA FONTAINE

Der Bär und die zwei Burschen

Zwei Burschen kamen einst aus Not
zum Kürschner, ihm das Fell zu bringen,
'nes Bären, der zwar noch nicht tot,
doch den sie, sagten sie, ganz sicher nächstens
    fingen.
Sie waren überzeugt, es sei ein Königsbär;
der Kürschner, der dies Fell erwerbe, könne lachen:
Warm hielt's, und wenn die Kält' auch noch so
    grimmig wär;
auch sei nicht ein Pelz nur, nein, zwei daraus zu
    machen.
So kostbar wäre nichts, meinten sie, als ihr Bär –
»Ihr Bär!« Doch anders stand es in des Schicksals
    Buche –
sie brächten, meinten sie, ihn spätstens morgen her.
Sie machen fest den Preis, sie gehen auf die Suche,
sie finden ihn. Der Bär tobt auf sie los sofort
hei! wie vom Blitz gerührt die zwei dastehn und beben!

Futsch war der Kauf; jetzt galt's ihn schleunigst
    aufzugeben,
und von der Bärenjagd sprach keiner mehr ein Wort.
Der klimmt auf einen Baum in allernächster Eile,
jener, starr wie 'ne Marmorsäule,
wirft hin sich, stellt sich tot und hält den Atem an,
da ihm bekannt vom Hörensagen,
es scheu' der Bär sich dann und wann,
an tote Körper sich, die regungslos, zu wagen.
Herr Isegrim, der Tor, fällt wirklich darauf hinein:
Er sieht ihn liegen und hält ihn für eine Leiche;
aus Furcht vor einem schlimmen Streiche
dreht er ihn um und um und legt die Schnauze ein,
ob Atem noch in ihm zu finden.
Er spricht: »Ein Leichnam ist's; drum fort jetzt,
    denn er riecht!«
Mit diesen Worten sieht man ihn im Wald
    verschwinden.

Der eine von dem Paar, der nun vom Baume kriecht,
eilt zu dem andern hin und wundert sich darüber,
wie einen nur die Furcht doch übermannt so
    schnell!
»Mag sein«, so fuhr er fort, »und unser Bärenfell?
Was sagt' er dir ins Ohr, mein Lieber?
Denn sehr nah kam er dir, als er
dich mit der Klaue fasst' am Kragen.«
»Er sprach: Verkaufe nimmermehr
des Bären Fell, eh' du ihn selber totgeschlagen.«

Die Trunksucht

in Mann, ein Säufer über alle Maßen,
konnte vom Wein Tag und Nacht nicht
mehr lassen.
Eines schönen Tages nun kommt er vom Saufen
schwerfällig schwankend nach Hause gelaufen.
Mühe bereitet ihm, gerade zu gehen,
während die Augen alles doppelt sehen.
Da stehen die beiden Söhne in der Tür –
er starrt ungläubig, denn vor ihm stehen vier!
Der Mann fängt an, sein armes Weib zu quälen,
die volle Wahrheit soll sie ihm erzählen:
Wann sie den dritten und vierten geboren
und wen sie sich zum Buhlen auserkoren.
Die Frau redet sanft auf den Trunkenen ein:
Schuld an diesem Trugbild sei einzig der Wein.
Doch er beginnt, statt ihr Glauben zu schenken,
sich eine grausame List auszudenken.
Ins Feuer legt er ein großes Stück Eisen,
das werde, droht er, ihr Unrecht beweisen.
»Treu warst du, ließt'dich von keinem verführen?
So nimm das Eisen ohne Schmerz zu spüren!
Verbrennt dich das Eisen, dann – Hölle und Fluch! –
beweist mir das Schreien deinen Ehebruch!«
In arger Bedrängnis ist die arme Frau,
aber sie antwortet ihm überaus schlau:
»Mit Freuden werd ich mich deinem Wunsch beugen

und dich von meiner Unschuld überzeugen.
Doch kann ich das schwere Eisen nicht heben –
willst du es mir bitte herübergeben?«
Das Eisen, das er selbst zum Glühen gebracht –
und zwar weit stärker, als er jemals bedacht –,
hat der Alte aus dem Feuer genommen.
Vor Schmerz sogleich zu Verstand gekommen,
sieht er: Zwei Söhne stehen vor ihm, nicht vier.
Er tritt zu der Frau, fällt auf die Knie vor ihr,
um tief beschämt Verzeihung zu erflehen
für das Unrecht, das ihr durch ihn geschehen.
So, liebe Freunde, benebelt euch der Wein.
Am besten ist es, ihr lasst das Trinken sein.

ABRAHAM A SANCTA CLARA

Der gefallene Verwalter

Ein Verwalter oder Pfleger, der seines Edelmann Bauern tapfer schinden geholfen und nach Wohlgefallen dieselben bekämpft hatte, fiel endlich auch in Ungnade, also er seines Dienstes entlassen wurde.

Wie er sich nun auf den Weg machte, um sich nach einem anderen Dienst umzusehen, kam er in ein Dorf, das seinem ehemaligen Herrn zugehörte. Daselbst war ein Bach, den er zu Fuß nicht durchqueren konnte, und er bat hernach einen Bauern, er möchte ihn doch hindurch tragen, er wolle ihm anderwärts wiederum einen Dienst erweisen. Der Bauer willigte ehrerbietig ein. Wie er nun aber mitten in den Bach gekommen und den Pfleger auf den Rücken getragen, so fragte er denselben, wo er denn hinwolle. Der Pfleger gab zur Antwort: »Ich muss sehen, dass ich einen anderen Dienst bekomme.« Der Bauer sagte: »Wie, seid ihr nicht mehr bei unserem Edelmann und Herrschaft?« Der Pfleger sagte: »Nein.« Darauf sagte der Bauer: »So trag dich der Teufel«, und warf ihn damit in den Bach und lief davon.

Diejenigen, die allzu hart mit dem armen Bauersmann verfahren, verdienen nicht allein dergleichen Dinge, sondern haben noch andere Strafen von Gott zu erwarten.

ABRAHAM A SANCTA CLARA

Der neidische Esel

Ein Esel hat auf eine Zeit wahrgenommen, dass ein kleiner Hund mit Namen Bellamor mit seinem Herren scherzte, und ihm auf allerlei Weise schön getan, nach solchem Schmeicheln aber mit guten Bissen gespeist worden war. Hiervon lief dem Esel das Wasser im Munde zusammen, und er gedachte also des Hundes Art nachzufolgen, damit ihm auch ein besseres Konfekt zuteil werde.

Daher sprang er einmal mit den beiden Vorderfüßen dem Herrn auf die Brust und begann, denselben mit seiner rauen Zunge anzulecken. Darüber erschrak der Herr nicht wenig, und alsobald schrie er um Hilfe, wessenthalben die Bediensteten mit Prügeln und Stecken zugelaufen kamen und den plumpen Esel also empfingen, dass er des Scherzens gänzlich vergaß.

Dem arkadischen Trampel ist jedenfalls gar recht geschehen, denn ein jeder bleibt, wer er ist, und maße sich andere Sachen nicht an, zu welchen er nicht berufen.

ABRAHAM A SANCTA CLARA

Die alten und die jungen Frösche

Die jungen Frösche haben einmal bei warmer Sommerzeit nahe einer Lache über alle Maßen gequakt und geschrien, so laut, dass selbst ein alter Frosch diese abgeschmackte Musik nicht mehr ertragen konnte und die Jungen nicht wenig ausfilzte:

»Schämt euch, ihr grünhosenden Fratzen!«, sagte er, »ihr wilden Lachendrescher, ihr hüpfenden Spitzbuben, schämt euch, dass ihr so verdrießlich Geschrei vollführt! Wenn ihr aber doch wollt lustig sein und frohlocken, so singt dann wenigstens wie die Nachtigall, welche auf dem nächsten Ast sitzt. Ihr großmäuligen Narren, könnt ihr denn nichts anderes als nur Qua-Qua-Qua?«

»Vater«, antworteten die Frösche, »das haben wir von dir gelernt.«

FRANÇOIS FÉNELON

Die beiden Füchse

Zwei Füchse kamen nachts mit List in einen Hühnerstall. Sie würgten den Hahn, die Hühner und die Jungen. Nach dieser Schlacht stillten sie ihren Hunger. Der eine, der jung und hitzig war, wollte alles auffressen. Der andere aber, ein alter Geizhals, wollte aus Vorsicht davon einen Vorrat anlegen. »Mein Kind«, sprach er, »die Erfahrung hat mich klug gemacht. Ich habe, seitdem ich auf der Welt bin, gar vieles gesehen. Lasst uns unser Gut nicht an einem Tag verzehren. Wir haben unser Glück gemacht, wir haben einen Schatz gefunden. Man muss sorgfältig damit umgehen.«

Der junge Fuchs antwortete darauf: »Ich will alles essen, weil ich da bin, und mich für acht Tage füttern. Denn, dass wir eine solche Gelegenheit wiederbekommen sollten, das ist ein Märchen. Morgen wird es hier nicht mehr gut aussehen. Der Herr wird versuchen, den Tod seiner Hühner zu rächen und uns zu töten.«

Nach dieser Unterredung handelte jeder nach seinem Gutdünken: Der junge fraß so viel, dass er barst, kaum konnte er wieder zu seinem Loch zurückkehren. Der alte, welcher sich für weit klüger hielt, dass er auch seinem Appetit Einhalt gebieten und sparen konnte, ging am Tag darauf los, seine Beute zu erlangen, und wurde vom Herrn erschlagen. Also hat jedes Alter seine Fehler: Junge Leute sind hitzig und in ihren Gelüsten nicht satt zu kriegen. Die alten aber sind unersättlich in ihrem Geiz.

LUDVIG HOLBERG

Vom Esel, der den Mond verschlang

Einige Leute schöpfeten einstmals Wasser aus einem Brunnen, und weil zur selbigen Zeit der Himmel klar und Mondschein war: so sahen sie den Schatten des Mondes im Wasser. Da sie den Brunnen verließen, näherte sich ihm ein Esel, um daraus zu trinken. Aber just ward der Mond am Himmel von einer Wolke bedeckt, und es ward dadurch ganz finster. Die einfältigen Leute bildeten sich darauf ein, der Esel habe den Mond verschlungen, den sie vor kurzem im Brunnen gesehen hatten. Alles geriet in Bewegung. Der Esel ward ergriffen und aufgeschnitten, um den Mond aus seinem Gefängnisse zu erlösen. Diese Operation war kaum geschehen, da ging die Wolke vorbei, und der Mond ließ sich am Himmel wieder sehen. Dies bestärkte sie in der Meinung, der Mond sei inzwischen in dem Bauche des Esels verborgen gewesen.

LUDVIG HOLBERG

Der Ziegenbock und eine Auster

Ein Ziegenbock ward einer Auster gewahr, die am Strande auf einer Klippe lag und überall herumgaffte. Der Ziegenbock sagte zu ihr: »Pfui, schäme dich, du faules Tier, dass du stets unbeweglich auf einer Stelle liegest. Ich bin heute bereits etliche Meilen über

Klippen und Berge gegangen, und in dieser Bewegung bin ich vom Morgen bis zum Abend.«

Die andere antwortete darauf. »Mein lieber Herrmann! Indem du in deiner öfteren Bewegung und in beständiger Arbeit bist, die doch nichts zu bedeuten hat, habe ich, obgleich du mich schon für ganz sorgenlos ansiehst und mich der Faulheit beschuldigest, eine Perle gezeuget, die mehr wert ist als tausend Ziegenböcke wert sind.«

LUDVIG HOLBERG

Der Affe und der Mann

Ein Affe fragte einstmals einen Mann, der ihm im Wald begegnete, ob es wahr wäre, dass ein großer Philosoph unter den Menschen gesagt hätte, die Elefanten wären die klügsten unter den Tieren. Der Mann antwortete, dies wäre allerdings wahr, und die meisten gelehrten Leute wären derselben Meinung.

Die Tiere, sagte der Affe, sind anderer Meinung, denn sie halten den Fuchs einstimmig für das klügere Tier.

»Das kommt daher«, sagte der Mann, »dass man List und Weisheit miteinander verwechselt. Und darum hält man den Fuchs für das weiseste Tier, obgleich er schon eigentlich das listigste heißen sollte.«

Diese Fabel zeigt, dass dieser Satz sehr wohl gegründet sei, denn die Erfahrung lehrt, dass die listigen Menschen wegen Mangel an Weisheit gemeiniglich in die Schlingen fallen, die sie anderen ausstellen.

JOHN GAY

Der Gärtner und das Ferkel

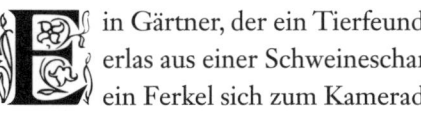 in Gärtner, der ein Tierfeund war,
erlas aus einer Schweineschar
ein Ferkel sich zum Kameraden.
Das war nicht zu des Tieres Schaden,
denn frei lief's nun umher im Haus,
sucht' sich die schönsten Plätzchen aus
als Futter oder Lagerstätte
und schlief vor seines Herren Bette;
es ward gekost und gut gepflegt,
wie ein verwöhntes Kind gehegt,
folgt' seinem Herrn auf Schritt und Tritt
und ging auch in den Garten mit.
Einst sprach der Gärtner zu dem Schwein:
»Mein Haus, mein Garten selbst ist dein;
nimm dir nur stets, was dir beliebt,
nimm Bohnen und was sonst es gibt,
du darfst die zarten Rüben haben
und auch nach den Kartoffeln graben.
Jedoch die Blumen musst du schonen,
damit sie mir die Mühe lohnen,
denn all mein Stolz und meine Freude
ist mir der Tulpen Augenweide!« –
Nicht lange darauf war nun das Schwein
im Garten recht vergnügt allein,
mit seligem Gegrunz und Schnaufen
durchwühlte es die Düngerhaufen,

die um die Blumen aufgeschichtet –
und wühlte dort so unentwegt,
bis alle Wurzeln bloßgelegt
und alle Tulpen ganz vernichtet. –
Da kam der Herr des Wegs daher;
wie wurde ihm das Herz so schwer,
als er den Schaden ward gewahr!
»Du böses Tier! Wie undankbar,
wie schändlich ist doch dein Betragen«,
begann er kummervoll zu klagen,
sah traurig seine Blumen an
und seufzte laut und schwieg sodann.
Doch eilig nahm das Schwein das Wort:
»Was ist dir, Herr? Sieh, hier und dort –
die Tulpen sind ja unversehrt,
die Wurzeln nur hab ich verheert.« –
Das war dem Gärtner doch zuviel:
»Was treibst du noch mit mir dein Spiel?
Du höhnst mich gar?« – Und auf der Stell'
verklopfte er dem Freund das Fell.
Doch der – dickfellig wie er war –
ertrug die Prügel wunderbar
und biss nur, um gerächt zu sein,
den Gärtner kräftig in das Bein. –
Nur mühsam schleppt' der Mann sich fort
und sprach zu sich das weise Wort:
»Wer mit der Rohheit Freundschaft schließt,
gar bald der Rohheit Frucht genießt.«

SAMUEL RICHARDSON

Der Adler und die Kaninchen

in Adler hatte einige junge Kaninchen gefunden, welche die Alten in die Sonne getragen hatten, und fraß die Hilflosen auf. Die alten Kaninchen drohten ihm: »Warte nur, wir werden uns rächen.«

»Was rächen?«, hohnlachte der Adler. »Sprecht mir nur noch ein Wort, so komme ich hinab und verzehre euch noch dazu.«

Ängstlich flohen beide Kaninchen in ihren unterirdischen Bau.

Als nun der Adler aber auch Junge in seinem Neste ausgebrütet hatte, liefen die beiden Kaninchen herzu und unterwühlten die Eiche, auf welcher sein Nest stand, und als sich darauf ein Windsturm erhob, riss er leicht die entwurzelte Eiche um. Von dem heftigen Sturz wurden die jungen Adler auf dem Boden zerschmettert.

Auch der Schwache kann sich an dem Starken rächen. – Wer Unrecht tut, wird auch Unrecht erleiden.

VOLTAIRE

Die Fabel von den Blinden

In den ersten Jahren des Blinden-Hospitals waren die Blinden bekanntlich alle gleichberechtigt, und ihre kleinen Angelegenheiten wurden durch Stimmenmehrheit entschieden. Sie kannten mit dem Tastsinn Kupfergeld und Silbergeld unfehlbar auseinander, keiner von ihnen hat jemals Moselwein mit Burgunder verwechselt. Ihr Geruchssinn war feiner als der ihrer sehenden Nachbarn. Sie räsonierten glänzend über die vier Sinne, das heißt: sie wussten darüber alles, was man wissen darf, und sie lebten so friedlich und glücklich, wie Blinde es nur irgend können.

Da trat unseligerweise einer ihrer Lehrer mit dem Anspruch auf, ganz Bestimmtes über den Gesichtssinn zu wissen. Er hielt Reden, er hetzte, er gewann Anhänger, und schließlich anerkannte man ihn als das Haupt der Blindenzunft. Selbstherrlich urteilte er über die Welt der Farben, und von da an ging alles schief.

Dieser erste Diktator der Blinden bildete vor allem einen kleinen Rat, mit dessen Hilfe er sich zum Herrn sämtlicher Almosen machte. Nun vermochte niemand mehr, ihm zu widerstehen. Sein Spruch erging, dass alle Kleider der Blinden weiß seien. Die Blinden glaubten es und sprachen viel von ihren hübschen weißen Anzügen, obwohl keiner einen solchen hatte. Alle Welt machte sich nun über sie lustig: da kamen sie zum Diktator und beklagten sich. Er empfing sie sehr übel, behandelte sie als Neuerer und

Freigeister, als Rebellen, die sich zu den törichten Ansichten jener hätten bekehren lassen, welche Augen haben. Rebellen seien sie, welche unerhörterweise an der Unfehlbarkeit ihres Oberhauptes zu zweifeln wagten. Aufgrund dieser Frage entstanden zwei Parteien.

Um die Leute zu beruhigen, erließ der Alleinherrscher einen neuen Spruch, dass nämlich die Kleider der Blinden rot seien. Auch das stimmte nicht, kein Blinder hatte ein rotes Gewand. Man verlachte sie mehr als je, und immer mehr Klagen erhoben sich innerhalb der Zunft. Der Häuptling geriet in Wut, die andern auch, man schlug sich lange, und Friede gab es erst wieder, als die Blinden sich dazu entschlossen, einstweilen nicht mehr über Farben zu urteilen.

Ein Tauber las diese kleine Geschichte und gab zu, die Blinden hätten Unrecht gehabt, als sie sich ein Urteil über Farben anmaßten. Hingegen blieb er fest bei seiner Überzeugung, dass von Musik einzig die Tauben etwas verstünden.

Der Reiher und der Star

uch unter Tieren ist es mehr als zu gemein,
dass ob dieselben gleich vernunftlos
müssen sein,
sie doch bei Zank und Streit, und zwar des Vorzugs
wegen
einander wehzutun und auszuspotten pflegen.
Ein jedes schmeichelt sich der allergrößten Zier;
ein jedes dünket sich das allerklügste Tier
vor anderen zu sein. Es tadelt sein Beginnen,
und andre wissen gleich was wieder auszusinnen.

Ein Reiher, der ganz still an eines Teiches Rand
bei früher Morgenzeit in dem Gehölze stand,
bestrebte sich daselbst mit eifrigem Verlangen,
weil ihn der Hunger trieb, von Fischwerk was zu
fangen.
Er schielte hier und dar so vor sich als hinter sich,
zu sehn, ob etwa was daselbst vorüberschlich,
das seinen trockenen und leeren Magen füllte,
und ihm die Hungersnot, die er verspürte, stillte.

Das trieb er lange Zeit; bis endlich ihn ein Star,
der auch mit in den Wald zugleich geflogen war,
am Ufer stehen sah, und nach so langem Schweigen
auf ihn vor Zorn entbrannt begunnte her zu steigen.
Was sprach er, schleichst du denn so lange Zeit herum,

und stehst, als wärest du beinahe taub und stumm,
da dir doch Vögel genug allhier zur Seite stehen,
die an dem schönen Tag zur Lust zusammengehen?
Wie schöne lässt es nicht, wenn man ganz will allein,
ein solcher Sonderling in der Gesellschaft sein?
Du willst dich mit Gewalt zu stummen Tieren
  schreiben,
und was man dich auch fragt, die Antwort schuldig
  bleiben.
Flammt dich der Hoffartsgeist zum Stilleschweigen an?
Findst du kein kluges Tier, das mit dir reden kann?
Ja ja, du suchst vielleicht uns alle zu belauschen,
ob dies und jenes lässt etwan ein Wort mitrauschen,
das dir, indem dein Geist sich in sich selbst verliebt,
hernach Gelegenheit uns durchzuhecheln gibt:
Man weiß wahrhaftig nicht, wenn oft in unsern
  Chören
ein solcher Schleicher sitzt, der gar kein Wort lässt
  hören,
ob man verraten ist: dieweil man immer denkt
er dürfte, wenn man noch so klug die Zunge lenkt,
doch jedes Wort von uns, das ihm vielleicht entgegen
und nicht recht schmackbar ist, wohl auf die Waage
  legen.
Dies frei Geschwätze ging dem Reiher freilich nah,
der sich, zumal vom Star, dergleichen nicht versah.
Er meint, und dies mit Recht, als ob es seine Ehre
und dem so guten Ruf gar stark zuwider wäre.
Drum sträubte Zorn und Grimm ihm sein
  Gefieder auf,

so glatt es vorher war; wie? sprach er gleich hierauf,
betrübte Kreatur! Darfst du so keck es wagen,
so unbedachtsam Zeug mir selber vorzusagen?
Was geht dich Plappergeist doch wohl mein
    Schweigen an,
wodurch der Reiher nie hat andern weh getan?
Er wird, und wüsst' er auch noch so geheime Sachen
von unsrer Vögel Zunft, doch kein Geplärre machen.

Wer ist, der nicht den Wert von dieser Kunst erkennt,
die, weil sie es verdient, man mehr als gülden nennt?
Es ist nichts löblicher, als mit Bedacht zu schweigen;
wie leichte kann man sich mit einem Wort versteigen,
das man nicht recht erwägt? Wer immer plaudern will,
der mischt in sein Geschwätz auch oftmals sehr viel,
das schlecht und albern klingt, und uns kann wenig
    nützen;
denn was sein Herze denkt, muss auf der Zunge
    sitzen.
Du hast, schämst du dich nicht der tollen
    Schwätzerei,
wohl großes Recht dazu, dass du noch ein Geschrei
von deiner Redekunst, die du nicht kannst beweisen,
elender Vogel, machst, um sie mir anzupreisen.
O weißt du nicht, wie sehr dich das Geflügel scheut,
das dich, nach deinem Wert, auf tausend Meilen weit
von sich entfernt wünscht, wenn man dich ungebeten,
in die Gesellschaft sieht, verhasster Vogel, treten.
Dein Eintritt schreckt uns gleich; die Lust wird hier
    gestört,

weil zur vertrauten Zunft kein Wäscher mitgehört:
Wir wissen, klopfst du an, wie viel es hat geschlagen,
und werden dich forthin aus unsern Reihen jagen.
Warum? Ein jedes Wort, das man hervorgebracht,
so unschuldvoll es klingt, wird gleich bekannt
    gemacht;
du weißt das Ende nicht von deinem dummen
    Plaudern;
und sind wir alle weg, so sieht man dich noch
    zaudern.
Ein jeder Zweig und Ast muss eine Bühne sein,
auf deren Höhe du pflegst alles auszuschrein,
was du erschnappet hast. Ei, dass bei deinem
    Waschen,
dich nicht im Augenblick der Habicht soll erhaschen!

Bespiegelt euch hieran, ihr, die ihr von dem Star
dies Laster mit erlernt, und täglich hier und dar,
das, was ihr hört und seht, zu jedermanns Erstaunen
auf allen Gassen müsst gleich wieder ausposaunen.
Was hilft es, dass ihr euch mit andrer Worte tragt,
und einem Echo gleicht, das alles wieder sagt?
So viel, dass man vor euch ein großes Kreuze machet,
und eure Plauderei, wie sie verdient, verlachet.
Es flieht euch alle Welt. Wisst ihr, ihr Wäscher nicht,
was man von euch zum Spott in der Gesellschaft
    spricht:
Ihr hättet, weil euch recht die Plaudersucht besessen,
vom Huhn das Hinterteil unfehlbar mitgefressen.

FRIEDRICH VON HAGEDORN

Der Esel, der Fuchs und der Löwe

Zum Esel kam der Fuchs auf seine Distelweide
und sprach: »Freund, meinen Gruß zuvor,
du scheinst noch immer jung in deinem alten Kleide.
Wie lustig spielt doch jetzt dein hochansehnlich Ohr!
Du bist und bleibst ein Freund der Freude.
Sieh auf! Der Morgen wird recht schön.
Was fangen wir nun an? Nicht wahr, wir wollen beide
in jenem Wald spazieren gehen?«
»Ei ja«, versetzt der Freund, »was ist denn dort zu
    sehen?«
»Ein Muster«, sagt der Schalk, »vollkommner
    Eselinnen.
Es wiehert mancher Hengst, die Spröde zu gewinnen,
doch sie wird dir nicht widerstehn.
Sieh auf … Ei ja … und sieh der Sonne rotes
    Licht!«
(So wortreich ist der Fuchs, er schwatzt wie Redner
    pflegen,
die mehr betäuben als bewegen,
doch merke man sich auch, dass er zum Esel spricht.)
Sie wandeln plaudernd fort. Bald aber zeiget sich
der König selbst, der Löw, in seinem höchsten
    Grimme.
Der Anblick nimmt sogleich dem Esel Mut und
    Stimme.

Er zittert, läuft und fällt. Ein Löw ist fürchterlich.
Der Fuchs hält gleichwohl stand und sagt:
    »Beglückt bin ich,
Herr, heute dich nicht zu verfehlen.
Ich eilte, dich zu sehn. Zum Frühstück bring ich dir
den Kern des Eselstamms, dort jenes feiste Tier.«
Der ernste Löwe spricht: »Zur Mahlzeit dien es mir,
dich selbst will ich zum Frühstück wählen.«
Schnell wird der Fuchs zerstückt. Was lehrt des
    Löwen Tat?
Verräter hasset man und nutzet den Verrat.

FRIEDRICH VON HAGEDORN

Die Natter und der Aal

Zu der Natter sprach ein Aal:
    »Mein Geschick ist zu bedauren,
    weil auf mich fast allemal,
nicht auf dich, die Leute lauren.
Ruh und Unschuld schützt mich nicht,
weil mir jeder Netze flicht;
mein Geschlecht füllt alle Reusen.«
»Vetter«, fiel die Natter ein,
»Unschuld wird dich nicht befrein,
aber ich kann Zähne weisen,
deren Biss die Feinde scheun.«

FRIEDRICH VON HAGEDORN

Der Marder, der Fuchs und der Wolf

in Marder fraß den Auerhahn;
den Marder würgt ein Fuchs; den Fuchs des
Wolfes Zahn.

Mein Leser, diese drei bewähren,
wie oft die Größern sich vom Blut der Kleinen
nähren.

FRIEDRICH VON HAGEDORN

Der Esel, der Affe und der Maulwurf

in betrübter Esel heulte,
weil des Schicksals karge Hand
ihm nicht Hörner zugewandt,
die sie doch dem Stier erteilte;
und der Affe fiel ihm bei,
dass der Himmel grausam sei,
weil er ihm den Schwanz versagte.
Als nun jeder mürrisch klagte,
sprach der Maulwurf: »Ich bin blind;
dass man sich mit mir vergleiche,
wenn des Schicksals Zorn und Streiche
andern unerträglich sind!«

CHRISTIAN FÜRCHTEGOTT GELLERT

Der Zeisig

in Zeisig war's und eine Nachtigall,
die einst zu gleicher Zeit vor Damons Fens-
ter hingen.
Die Nachtigall fing an, ihr göttlich Lied zu singen,
und Damons kleinem Sohn gefiel der süße Schall.
»Ach welcher singt von beiden doch so schön?
Den Vogel möcht ich wirklich sehn!«
Der Vater macht ihm diese Freude,
er nimmt die Vögel gleich herein.
»Hier«, spricht er, »sind sie alle beide;
doch welcher wird der schöne Sänger sein?

Getraust du dich, mir das zu sagen?«
Der Sohn lässt sich nicht zweimal fragen,
schnell weist er auf den Zeisig hin.
»Der«, spricht er, »muss es sein,
so wahr ich ehrlich bin!
Wie schön und gelb ist sein Gefieder!
Drum singt er auch so schöne Lieder;
dem andern sieht man's gleich an seinen Federn an,
dass er nichts Kluges singen kann.«

Sagt, ob man im gemeinen Leben
nicht oft wie dieser Knabe schließt?
Wem Farb und Kleid ein Ansehn geben,
der hat Verstand, so dumm er ist.

Stax kommt, und kaum ist Stax erschienen,
so hält man ihn auch schon für klug.
Warum? – Seht nur auf seine Mienen,
wie vorteilhaft ist jeder Zug!
Ein andrer hat zwar viel Geschicke,
doch weil die Miene nichts verspricht,
so schließt man bei dem ersten Blicke,
aus dem Gesicht, aus der Perücke,
dass ihm Verstand und Witz gebricht.

CHRISTIAN FÜRCHTEGOTT GELLERT

Der Tanzbär

Ein Bär, der lange Zeit sein Brot ertanzen müssen,
entrann und wählte sich den ersten
Aufenthalt.
Die Bären grüßten ihn, mit brüderlichen Küssen,
und brummten freudig durch den Wald.
Und wo ein Bär den andern sah,
da hieß es: Petz ist wieder da!
Der Bär erzählte drauf, was er in fremden Landen
für Abenteuer ausgestanden,
Was er gesehn, gehört, getan!
Und fing, da er vom Tanzen red'te,
als ging er noch an seiner Kette,
auf polnisch schön zu tanzen an.

Die Brüder, die ihn tanzen sahn,
bewunderten die Wendung seiner Glieder,
und gleich versuchten es die Brüder;
allein, anstatt wie er zu gehn,
so konnten sie kaum aufrecht stehn,
und mancher fiel die Länge lang darnieder.
Um desto mehr ließ sich der Tänzer sehn.
Doch seine Kunst verdross den ganzen Haufen.
»Fort«, schrieen alle, »fort mit dir!
Du Narr, willst klüger sein als wir?«
Man zwang den Petz, davonzulaufen.

Sei nicht geschickt, man wird dich wenig hassen,
weil dir dann jeder ähnlich ist;
doch je geschickter du vor vielen andern bist,
je mehr nimm dich in Acht, dich prahlend sehn zu
    lassen.
Wahr ist's, man wird auf kurze Zeit
von deinen Künsten rühmlich sprechen,
doch traue nicht, bald folgt der Neid,
und macht aus der Geschicklichkeit
ein unvergebliches Verbrechen.

CHRISTIAN FÜRCHTEGOTT GELLERT

Der Fuchs und die Elster

Zur Elster sprach der Fuchs:
»O! Wenn ich fragen mag,
was sprichst du doch den ganzen Tag?
Du sprichst wohl von besondern Dingen?«
»Die Wahrheit«, rief sie, »breit ich aus.
Was keines weiß herauszubringen,
bring ich durch meinen Fleiß heraus,
vom Adler bis zur Fledermaus.«

»Dürft ich«, versetzt' der Fuchs, »mit Bitten dich
    beschweren
So wünscht' ich mir, etwas von deiner Kunst zu
    hören.«

So wie ein weiser Arzt, der auf der Bühne steht,
und seine Künste rühmt, bald vor- bald rückwärts
    geht,
sein seidnes Schnupftuch nimmt, sich räuspert, und
    dann spricht,
so lief die Elster auch den Ast bald auf, bald nieder,
und strich an einen Zweig den Schnabel hin und
    wieder,
und macht' ein sehr gelehrt Gesicht.
Drauf fängt sie ernsthaft an und spricht:
»Ich diene gern mit meinen Gaben,
denn ich behalte nichts für mich.

Nicht wahr, Sie denken doch, dass sie vier Füße
    haben?
Allein, Herr Fuchs, Sie irren sich.
Nur zugehört! Sie werden's finden,
denn ich beweis es gleich mit Gründen.

Ihr Fuß bewegt sich, wenn er geht,
und er bewegt sich nicht, so lang er stille steht;
doch merken Sie, was ich jetzt sagen werde,
denn dieses ist es doch nicht ganz.
So oft Ihr Fuß nur geht, so geht er auf der Erde.
Betrachten Sie nun Ihren Schwanz.
Sie sehen, wenn Ihr Fuß sich reget,
dass auch Ihr Schwanz sich mit beweget;
itzt ist Ihr Fuß bald hier, bald dort,
und so geht auch Ihr Schwanz mit auf der Erde fort,
sooft Sie nach den Hühnern reisen.
Daraus zieh ich nunmehr den Schluss,
Ihr Schwanz, das sei Ihr fünfter Fuß,
und dies, Herr Fuchs, war zu beweisen.«

Ja, dieses hat uns noch gefehlt!
Wie freu ich mich, dass es bei Tieren
auch große Geister gibt, die alles demonstrieren!
Mir hat's der Fuchs für ganz gewiss erzählt.
»Je minder sie verstehn«, sprach dieses schlaue Vieh:
»Um desto mehr beweisen sie.«

CHRISTIAN FÜRCHTEGOTT GELLERT

Das Kutschpferd

Ein Kutschpferd sah den Gaul den Pflug im
Acker ziehn,
und wieherte mit Stolz auf ihn.
»Wann«, sprach es, und fing an, die Schenkel schön
zu heben,
»wann kannst du dir ein solches Ansehn geben?
Und wann bewundert dich die Welt?«
»Schweig«, rief der Gaul, »und lass mich ruhig pflügen,
denn baute nicht mein Fleiß das Feld:
Wo würdest du den Hafer kriegen,
der deiner Schenkel Stolz erhält?«

Die ihr die Niedern so verachtet,
vornehme Müßiggänger, wisst,
dass selbst der Stolz, mit dem ihr sie betrachtet,
dass euer Vorzug selbst, aus dem ihr sie verachtet,
auf ihren Fleiß gegründet ist.
Ist der, der sich und euch durch seine Händ' ernährt,
nichts bessers als Verachtung wert?
Gesetzt, du hättest bessre Sitten,
so ist der Vorzug doch nicht dein;
denn stammtest du aus ihren Hütten:
So hättest du auch ihre Sitten.
Und was du bist, und mehr, das würden sie auch sein,
wenn sie wie du erzogen wären.
Dich kann die Welt sehr leicht, sie aber nicht entbehren.

MAGNUS GOTTFRIED LICHTWER

Die beraubte Fabel

s zog die Göttin aller Dichter,
die Fabel, in ein fremdes Land,
wo eine Rotte Bösewichter
sie einsam auf der Straße fand.

Ihr Beutel, den sie liefern müssen,
befand sich leer; sie soll die Schuld
mit dem Verlust der Kleider büßen,
die Göttin litt es mit Geduld.

Hier wies sich eine Fürstenbeute,
ein Kleid umschloss das andre Kleid;
man fand verschiedner Tiere Häute,
bald die, bald jene Kostbarkeit.

»Hilf Himmel, Kleider und kein Ende!
Ihr Götter!«, schrien sie, »habet Dank,
ihr gebt ein Weib in unsre Hände,
die mehr trägt als ein Kleiderschrank.«

Sie fuhren fort, noch mancher Plunder
ward preis; doch eh man sich's versah,
da sie noch schrien, so stand, o Wunder!
die helle Wahrheit nackend da.

Die Räuberschar sah vor sich nieder,
und sprach: »Geschehen ist geschehn!
Man geb ihr ihre Kleider wieder,
wer kann die Wahrheit nackend sehn?«

MAGNUS GOTTFRIED LICHTWER

Die Rehe

Mein Kind, du wagest dich so kühnlich
in den Wald,
als ob kein Tiger um uns wohne;
ersieht er dich, so bist du kalt«,
so sagt' ein Reh zu seinem Sohne.
»Wohl«, sprach der Rehbock, »saget mir,
was ist der Tiger für ein Tier,
so flieh ich ihn als wie das Feuer.«
»O Sohn! das ist ein Ungeheuer,
ein Scheusal von Gestalt, sein blitzend Angesicht
verrät den Mörder gleich, sein Rachen raucht vom Blute,
der Bär ist so erschrecklich nicht,
und bei dem Löwen ist mir nicht so schlimm zumute.«
»Gut!«, unterbrach der Sohn, »nun kenn ich diesen
    Herrn.«
Er ging hinweg, sein Unglücksstern
trieb ihn zum Tiger hin, der in dem Grase ruhte.
Der Rehbock stutzte zwar, doch er erholte sich,
und sprach: »Das ist er nicht: Der Tiger raucht
    vom Blute

und ist abscheulich fürchterlich,
hingegen dieses Tier ist schön, geputzt und freundlich,
sein Blick zwar feurig, doch nicht feindlich.
Oh! solchen Tigern geh ich nach«,
hob er mit Kühnheit an zu schreien,
doch mocht es ihm zu spät gereuen,
als ihm das Tigertier drauf das Genicke brach.

Man tut gar wohl, dass man der Jugend
der Laster Scheußlichkeit entdeckt;
jedoch man zeig ihr auch den falschen Schein von
    Tugend,
das schön und süße Gift, das in den Lastern steckt,
sonst macht der falsche Glanz von diesen,
dass sie die Laster oft für Tugenden erkiesen.

MAGNUS GOTTFRIED LICHTWER

Die Nachbarn

Ein Mann hatt einen Baum, der goldne
Früchte trug.
    Sein Nachbar hieb aus Neid bei Nachte
viel Äste von dem Baum; allein, er war nicht klug,
weil er das Jahr darauf dreifache Früchte brachte.

So nützlich ist uns oft ein Feind:
Er dient, wenn er zu schaden meint.

JOHANN WILHELM LUDWIG GLEIM

Die reisende Fabel

ie arme Tochter des Aesop,
die Fabel, reiste von Athen,
entfernte Länder zu besehn.
Wer sie erblickte, der erhob
ihr Wesen, ihren Gang
und ihren Anzug. Nicht zu lang
und nicht zu kurz, war er bequem:
Wohin sie kam, da war sie angenehm.

Zu Rom schenkt' ihr ein feinres Kleid
ein Freigelassener der Kaisers seiner Zeit.
Es stand ihr wohl, es war gemacht
nett, aber ohne Pracht.

Dann reiste sie darin, noch blöde nach Paris;
ein edler Ritter nahm sie auf und unterwies
das wohlerzogne Kind, das seine Freundin ward,
in Sitten und in Putz, nach seiner Landesart.
Auch nahm er einst sie mit in eine Galanacht
an Ludwigs Hof, in Hofes Tracht.

Und weil der jungen Maintenon
an Geist und Schönheit sie vollkommen glich,
so zog sie alsobald des Königs Aug' auf sich.
Was hatte sie davon?
Er rühmte sie den Prinzen; sie gefiel!

Und einst, beim Spiel,
nannt' er in Gnaden sie: die Menschenlehrerin!

»Ich? Ihro Majestät! Ich bin
nur eine Zeitvertreiberin;
mich hören Kinder nur so gern!
Ich, Lehrerin der Menschen? Das sei fern!
Was Recht und Tugend ist, zu lehren und zu preisen,
das überlass ich Herrn
und Königen und Weisen!«

JOHANN WILHELM LUDWIG GLEIM

Von der Eichel und dem Kürbis

Schon, mit Weisheit und Verstand
ordnete des Schöpfers Hand
alle Dinge. Sieh umher!
Keines steht von ohngefähr,
wo es steht! Das Firmament,
wo die große Sonne brennt,
und der kleinste Sonnenstaub,
deines Atems leichter Raub,
trat, auf unser Gottes Wort,
jegliches an seinen Ort.
Jedes Ding in seiner Welt
ist vollkommen; dennoch hält
mancher Tor es nicht dafür,
und kunstrichtet Gott in ihr!

So ein Tor war jener Mann,
den ich dir nicht nennen kann,
der, als er an schwachen Ranken
einen Kürbis hängen sah,
groß und schwer, wie deiner da,
den du selbst gezogen hast,
den verwegenen Gedanken
hegete: Nein, solch eine Last
hätt' ich an so schwaches Reis
wahrlich doch nicht aufgehangen!
Mancher Kürbis, gelb und weiß,
Reih bei Reih, in gleichem Raum,
hätte sollen herrlich prangen
hoch am starken Eichenbaum!

Also denkend geht er fort,
und gelanget an den Ort
einer Eiche; lagert sich
längelang in ihren Schatten
und schläft ein. –
                    Die Winde hatten
manchen Monat nicht geweht;
aber als er schläft, entsteht
in der Eiche hohem Wipfel
ein Gebrause; starke Weste
schütteln ihre vollen Äste;
plötzlich stürzt von dem Bewegen
prasselnd ein geschwinder Regen
reifer Eicheln von dem Gipfel.
Viele liegen in dem Grase,

aber eine fällt gerade
dem Kunstrichter auf die Nase!

Plötzlich springt er auf und sieht,
dass sie blutet. Dieser Schade
geht noch an! Denkt er und flieht
und bereuet auf der Flucht
den Gedanken, welcher wollte,
dass der Eichbaum eine Frucht,
gleich dem Kürbis, tragen sollte.
»Traf ein Kürbis mein Gesicht«,
sprach er, »nein, so lebt' ich nicht!
Oh, wie dumm hab ich gedacht!
Gott hat alles wohl gemacht!«

JOHANN WILHELM LUDWIG GLEIM

Die Gärtnerin und die Biene

 ine kleine Biene flog
emsig hin und her und sog
Süßigkeit aus allen Blumen.
»Bienchen«, spricht die Gärtnerin,
die sie bei der Arbeit trifft,
»manche Blume hat doch Gift,
und du saugst aus allen Blumen?«
»Ja«, sagt' sie zur Gärtnerin,
»ja, das Gift lass ich darin!«

GOTTHILF ABRAHAM KÄSTNER

Der Seidenwurm und die Spinne

Der Raupen edelste, die Weberin der Seide,
spann sich ihr Grab zu eines Fürsten Kleide;
nicht weit von ihr hing an der schwarzen
   Wand
die Künstlerin, die Pallas überwand.
Noch war von ihr nicht ganz der alte Stolz
   entwichen,
sie hatte sich Minerven einst verglichen,
so hielt sie unter sich jetzt Raupen weit entfernt:
Wo hast du armer Wurm dein Spinnen wohl gelernt?
Dein Faden ist zu grob, und viel zu derb gewunden.
Bewundre meine Kunst, wie zart sie Fäden zieht;
die Fliege findet sich gebunden,
noch eh' sie das Gewebe sieht;
mit minderm Stoff, als da dein Ei umhüllt,
wird eine Wand von mir erfüllt;
zwar du bist blind: mit so viel Kunst zu weben,
sind von der Götter Huld acht Augen mir gegeben.
Den Vorzug, der dich ziert, hast du mir g'nug erklärt,
doch wirst du, sprach der Wurm, die Antwort auch
   vergönnen:
Acht Augen, die nur Mücken kennen,
sind wenig mehr als meine Blindheit wert:
Und wenn sich mein Gespinnst auf Throne darf
   erheben,
so lern ich wohl von dir nicht Fliegennetze weben.

FRIEDRICH KARL VON MOSER

Der Vorsatz am Hof

Ein Schloss, faul vom Dach bis auf den innersten Balken, drohte den Bewohnern täglich den nahen Untergang; mürbe Mauern hielten nur noch die sinkenden Wände zusammen. »So muss man denn«, sprach König Wadell, »das ganze Nest zusammenreißen.«

Eine junge lauschende Maus verkündigte zitternd ihrer Mutter diese fürchterliche Botschaft ihrer Zerstörung. Eben hielt sie, die Alte, bei einem Stück Edamer Käse das fette Mittagsmahl, schmunzelnd erwidert sie der unerfahrenen Tochter: »Eben dies hat mir meine Großmutter schon erzählt, schon fing man zu ihrer Zeit an, das Dach abzuheben, und alle waren wir zum Auszug bereit, als der Narr des Fürsten ihm den Rat gab, das Haus frisch zu bestreichen, so würde man die inneren Gebrechen nicht sehen. Man folgte ihm, und wir blieben ruhig in unseren Löchern. Glaube mir, die Menschen, die über uns wohnen, haben weder den Verstand noch den Willen, es jemals anders zu machen.«

FRIEDRICH KARL VON MOSER

Der beleidigte Löwe

Ein Hase hatte sich mit vielen ungeziemenden Gebärden und Ausdrücken gegen den Löwen vergangen und wurde in Gegenwart des Löwen vor Gericht gefordert. Zwei Hunde mussten ihn tragen, denn er war vor Schrecken und Angst mehr tot als lebendig.

Sein Verbrechen wurde erzählt und die Stimmen von unten aufgesammelt. Die Hunde bleckten schon die Zähen, das Urteil zu vollziehen, der Wolf trug darauf an, ihm das Herz aus dem Leibe und ihn in vier Teile zu zerreißen; der Bär meinte, die Zunge vorher aus dem Hals zu schneiden, könnte um eines Exempels willen auch nicht schaden; das Pferd hielt eine Leibesstrafe für hinreichend, einen Hasen zu züchtigen; der Fuchs zuckte die Schultern, während seines Amtes wäre ihm ein so schwerer Fall, da ein Hase sich an einem Löwen vergangen, noch nie vorgekommen. Die Reihe kam an den großmütigen Elefanten: »Wenn einer von uns«, sprach er, »eben dies Verbrechen des gegenwärtigen, mit dem Tode ringenden Hasen begangen hätte, würde ich als über einer merklichen Bosheit des Willens der Stimme des Pferdes beitreten; für den unverständigen Hasen aber mag die ausgestandene Angst Strafe genug sein, er wird sich wohl von selbst hüten, noch einmal in diesen Fall zu kommen.«

Der Löwe gab ihm Beifall, und kaum hatte der Hase noch so viel Kräfte, ein Männchen zum Abschied zu machen, als ihm die Vergebung angekündigt wurde.

JUSTUS FRIEDRICH WILHELM ZACHARIÄ

Republik der Spinnen

em Spinnenvolke fiel es ein,
in Zukunft sicherer zu sein
und nicht jedwedem zu vergönnen,
in ihrem Schloss herumzurennen.
Sie wohnten eben dazumal
in einem großen, wüsten Saal,
durch dessen offne Fensterbogen
stets Mücke, Schwalb und Sperling flogen.
»Wir wollen«, murreten die Spinnen,
»den Vorteil euch wohl abgewinnen.«
Und zogen in die Läng und Quer
viel Fäden vor dem Fenster her.
Doch Schwalb und Sperling kamen bald
und fuhren dreist und mit Gewalt
durch diese leichten Spinneweben;
und nur die Mücken blieben kleben.

Fast so wie diese Spinnennetze
sind oft im Staate die Gesetze.
Kein Mächt'ger wird darin gefangen –
nur bloß der Schwache bleibt drin hangen.

GOTTHOLD EPHRAIM LESSING

Der Löwe und der Hase

Ein Löwe würdigte einen drolligen Hasen seiner nähern Bekanntschaft. »Aber ist es denn wahr«, fragte ihn einst der Hase, »dass euch Löwen ein elender krähender Hahn so leicht verjagen kann?«

»Allerdings ist es wahr«, antwortete der Löwe; »und es ist eine allgemeine Anmerkung, dass wir großen Tiere durchgängig eine gewisse kleine Schwachheit an uns haben. So wirst du, zum Exempel, von dem Elefanten gehört haben, dass ihm das Grunzen eines Schweins Schauder und Entsetzen erwecket.«

»Wahrhaftig?«, unterbrach ihn der Hase. »Ja, nun begreif ich auch, warum wir Hasen uns so entsetzlich vor den Hunden fürchten.«

GOTTHOLD EPHRAIM LESSING

Der Affe und der Fuchs

Nenne mir ein so geschicktes Tier, dem ich nicht nachahmen könnte!«, so prahlte der Affe gegen den Fuchs. Der Fuchs aber erwiderte: »Und du, nenne mir ein so geringschätziges Tier, dem es einfallen könnte, dir nachzuahmen.«

Schriftsteller meiner Nation! – Muss ich mich noch deutlicher erklären?

GOTTHOLD EPHRAIM LESSING

Der Hamster und die Ameise

Ihr armseligen Ameisen«, sagte ein Hamster. »Verlohnt es sich der Mühe, dass ihr den ganzen Sommer arbeitet, um ein so Weniges einzusammeln. Wenn ihr meinen Vorrat sehen solltet!« – »Höre«, antwortete eine Ameise, »wenn er größer ist, als du ihn brauchst, so ist es schon recht, dass die Menschen dir nachgraben, deine Scheuren ausleeren und dich deinen räubrischen Geiz mit dem Leben büßen lassen!«

GOTTHOLD EPHRAIM LESSING

Der kriegerische Wolf

Mein Vater, glorreichen Andenkens«, sagte ein junger Wolf zu einem Fuchse, »das war ein rechter Held! Wie fürchterlich hat er sich nicht in der ganzen Gegend gemacht! Er hat über mehr als zweihundert Feinde, nach und nach, triumphiert und ihre schwarzen Seelen in das Reich des Verderbens gesandt. Was Wunder also, dass er endlich doch einem unterliegen musste!«

»So würde sich ein Leichenredner ausdrücken«, sagte der Fuchs; »der trockene Geschichtsschreiber aber würde hinzusetzen: die zweihundert Feinde, über die er, nach und nach, triumphieret, waren Schafe und Esel; und der eine Feind, dem er unterlag, war der erste Stier, den er sich anzufallen erkühnte.«

GOTTHOLD EPHRAIM LESSING

Die Eule und der Schatzgräber

Jener Schatzgräber war ein sehr unbilliger Mann. Er wagte sich in die Ruinen eines alten Raubschlosses und ward da gewahr, dass die Eule eine magere Maus ergriff und verzehrte. »Schickt sich das«, sprach er, »für den philosophischen Liebling Minervens?«

»Warum nicht?«, versetzte die Eule. »Weil ich stille Betrachtungen liebe, kann ich deswegen von der Luft leben? Ich weiß zwar, dass ihr Menschen es von euren Gelehrten verlanget –«

GOTTHOLD EPHRAIM LESSING

Der Rabe und der Fuchs

Ein Rabe trug ein Stück vergiftetes Fleisch, das der erzürnte Gärtner für die Katzen seines Nachbarn hingeworfen hatte, in seinen Klauen fort.

Und eben wollte er es auf einer alten Fichte verzehren, als sich ein Fuchs herbeischlich und ihm zurief: »Sei mir gesegnet, Vogel des Jupiter!« – »Für wen siehst du mich an?«, fragte der Rabe. – »Für wen ich dich ansehe?«, erwiderte der Fuchs. »Bist du nicht der rüstige Adler, der täglich von der Rechten des Zeus auf diese Eiche herabkömmt, mich Armen zu speisen? Warum verstellst du dich? Sehe ich denn nicht in der siegreichen Klaue die erflehte Gabe, die mir dein Gott durch dich zu schicken noch fortfährt?«

Der Rabe erstaunte und freute sich innig, für einen Adler gehalten zu werden. Ich muss, dachte er, den Fuchs aus diesem Irrtume nicht bringen. – Großmütig dumm ließ er ihm also seinen Raub herabfallen und flog stolz davon.

Der Fuchs fing das Fleisch lachend auf und fraß es mit boshafter Freude. Doch bald verkehrte sich die Freude in ein schmerzhaftes Gefühl; das Gift fing an zu wirken, und er verreckte.

Möchtet ihr euch nie etwas anderes als Gift erloben, verdammte Schmeichler!

GOTTHOLD EPHRAIM LESSING

Der Springer im Schache

wei Knaben wollten Schach ziehen. Weil ihnen ein Springer fehlte, so machten sie einen überflüssigen Bauer, durch ein Merkzeichen, dazu. »Ei«, riefen die anderen Springer, »woher, Herr Schritt vor Schritt?«

Die Knaben hörten die Spötterei und sprachen: »Schweigt! Tut er uns nicht eben die Dienste, die ihr tut?«

IGNACY KRASICKI

Fuhrmann und Schmetterling

Festgefahren hatte sich im Schlamm ein
Wagen.
Knecht und Gäule sah man sich
vergeblich plagen.
Auf dem Wagen saß ein kleiner Schmetterling.
»Liegt's an mir?« – so fragte sich das leichte Ding –
»nun, dann muss der Gäule ich mich wohl
erbarmen!« –
Es sprang ab und grüßte: »Fahrt mit Gott, ihr
Armen!«

IGNACY KRASICKI

Das Tintenfass und die Feder

Das Tintenfass und die Feder behaupteten,
Dichter zu sein.
»Ich hab das Buch geschrieben!«,
hörte man beide schrein.
Da kam der Mann, der's geschrieben. Er lächelte
betrübt,
weil's solcher Federhalter doch gar zu viele gibt.

IGNACY KRASICKI

Die Maus und die Katze

eimlich hatte die Maus eine halbe Bibel
gefressen.
»Weise wie Salomon bin ich!«,
rühmte sie sich vermessen.

»Mäuse! Als euren Erlöser dürft ihr mich künftig
verehren!

All eure Not kann ich enden! Ich werde die Katze
bekehren!«

Hurtig riefen die Mäuse die Katze herbei, die nicht
säumte,

da sie wie stets in der Nähe und auch von Mäusen
grad träumte.

Seufzend und andächtig lauschte der Mäusepredigt
die Katze,

weinte und wischte sich traurig die Tränen ab mit
der Tatze.

Eifer erfasste die Maus. Ihrer Weisheit Wirkung zu
sehen,

kam aus dem Loch sie heraus, – da war's um die
Törin geschehen.

GOTTLIEB KONRAD PFEFFEL

Die Toleranz

Der Adler hielt auf der bereiften Spitze
des himmelhohen Kaukasus
sein Parlament. Er legte seine Blitze
voll Huld zu seines Thrones Fuß
und wog den Großen und dem Volke
das Recht in ebnen Schalen aus.
Da fuhr, gleich einem Strahl aus einer
    Donnerwolke,
ein Habicht in das Oberhaus.
Er hielt ein fremdes Tier in seinen Krallen;
es war ein alter Kakadu,
der Indostan verließ, um durch die Welt zu wallen.
»Sir«, rief dem Schach der Schnapphahn zu,
»hier ist ein arger Wicht, der dir dein Erzamt
    raubet,
ein Philosoph, der den Olymp zerstört,
der keinen Zeus und keinen Pluto glaubet,
und nur bei seinem Brahma schwört –
ja, was noch ärger ist, er macht sich ein Gewissen,
die Kost, die meinen König nährt,
das Fleisch der Tiere, zu genießen,
drum halt ich ihn des Todes wert.« –
»Da Zeus ihn leben lässt, so lass auch ich ihn leben«,
versetzt der gute Schach, und winkt, ihn loszugeben.
Der Inquisitor barst vor Wut;
allein das Hofgesind, zumal die Papageien,

der Virtuos aus Calekut,
und die beredte Gänsebrut
vergötterten in wilden Melodeien
des Königs Toleranz und Edelmut.
»Schweigt«, rief der Potentat so derb zur bunten
    Herde,
dass ihr der kalte Schweiß entrann,
»ein Fürst, der nicht verfolgt, ist noch kein Gott der
    Erde,
ist weiter nichts als kein Tyrann.«

GOTTLIEB KONRAD PFEFFEL

Der Prinz und sein Hofmeister

Im kühlen Park saß Prinz Porphyr
mit seinem Mentor einst nach Tische
und gähnte recht nach Standsgebühr,
als aus dem duftenden Gebüsche
das Lied der Nachtigall erscholl.
Itzt wacht er auf. Entzückungsvoll
beschleichet er die dunklen Hecken,
um hinterrücks das arme Tier
zu haschen und es einzustecken.
Es ist sultanische Manier
mit andrer Freiheit so zu spaßen,
doch diesmal musste sich Porphyr
den Appetit vergehen lassen.
Sein erster Schritt verriet ihn schon,

und der geschreckte Vogel machte
mit schnellen Schwingen sich davon.
Die Hoheit stampft und wandert sachte
dem Mentor zu. Der Mentor lachte.
Beschämt fragt ihn der Königssohn,
der wohl des Tags auch einmal dachte:
»Wie kommt's, dass man in unsrem Schloss
nicht eine Philomele findet,
indes ein ungeheurer Tross
von Spatzen uns die Ohren schindet?«
»Mein Prinz! Dies ist der Höfe Lauf«,
versetzt der Mann. »Wie Fliegenschwärme
drängt sich das Heer der Toren auf:
Doch das Verdienst lebt fern vom Lärme,
verscheucht und gleichsam auf der Flucht.
Nur der entdeckt es, der es sucht.«

GOTTLIEB KONRAD PFEFFEL

Der Igel

Der Löwe saß auf seinem Thron von Knochen
und sann auf Sklaverei und Tod.
Ein Igel kam ihm in den Weg gekrochen.
»Ha! Wurm!«, so brüllte der Despot
und hielt ihn zwischen seinen Klauen,
»mit einem Schluck verschling ich dich!«
Der Igel sprach: »Verschlingen kannst du mich;
allein du kannst mich nicht verdauen.«

LUDWIG HEINRICH VON NICOLAY

Der Hirtenjunge

Ein Hirtenjunge saß und sah die Schafe
weiden.
»Sieh doch, das liebe, sanfte Vieh!
Ein wenig Gras, so leben sie.
Von ihnen hat kein Tier zu leiden,
wie von der Wölfe tollen Brut,
den Wütrichen; die brauchen Lämmerblut.
War es so nötig, dass die Erde
der Ungeheuer Rotte trug?
Warum wies ihnen Gott nicht so wie meiner Herde
auch Gras zur Nahrung an? Für beide wächst genug.«

So denkt er. Plötzlich steht mit höhnischer Gebärde
ein Genius vor ihm, berührt' ihm Aug und Ohr.
Als ob von jenem sich ein Flor,
ein dichtes Fell von diesem zöge,
so scheint's ihm. Schärfer sieht und hört er als zuvor.
Den kleinsten Halm sieht er von tausend Tierchen rege,
und ihr Gewinsel steigt nunmehr zu ihm empor:
»Flieht, Kinder, flieht! Die Lämmer kommen.
Zu Millionen schlinget euch
ihr mörderischer Schlund. O wären sie dem frommen,
dem sanft gesinnten Wolfe gleich!
Der schadet niemals unserm Stamme.
Ihr Götter! Rächt durch ihn uns an dem grassen
    Lamme!«

LUDWIG HEINRICH VON NICOLAY

Die Mücke

In eines leeren Fasses Schlunde
wuchs aus den Hefen auf dem Grunde
ein kleines Völklein auf. In diesen Raum
    gebannt,
durchkroch, durchwühlt es nur der Hefen feuchte
    Masse,
soviel ihm nötig war, damit es Nahrung fand.
Kurz, ein Geschlecht starb hin, und ein Geschlecht
    entstand,
und niemand fiel es ein, dass außer diesem Fasse
ein andrer Raum sich denken lasse.
Ein einzig Mücklein zeigte früh
ein philosophisches Genie,
erforschte die Natur der Tonne, die Distanzen,
die Höhen, die Gestalt des Ganzen,
erriet, bewies, sein Fass, die Erde, sei
ein vorn und hinten plattes Ei.

Einst, als es, stets erpicht auf Lehre,
des Fasses Vordergrund durchkroch,
geriet es an ein kleines Loch,
den Eingang einer engen Röhre.
Es drängt sich durch den offnen Hahn
und kommt an seiner Mündung an.
O welch ein Schauspiel für die Mücke!
Der Welten mehr als hundert Stücke,

in welcher schönen Symmetrie!
Wie reine Luft umfließet sie!
Was für ein Glanz strömt von dem präch't'gem
    Sterne
(des Kellners schmutziger Laterne),
das ganze Weltall seh ich hier.
Gesegnet seist du, Wissbegier!
Du führest mich, du zeigst mir alles heller.

Im Fasse steckt das Volk, der Philosoph im Keller.

LUDWIG HEINRICH VON NICOLAY

Weite Sicht

uf seinen Schultern trug ein Riese
ein Zwerglein. Dieses sprach:
»Am Rande jener Wiese
siehst du das Türmlein?« – »Nein«,
erwiderte der Riese.
Das glaub ich, denkt der Zwerg,
ich, der ich höher bin,
ich sehe freilich weiter hin.
So reiten wir die lieben Alten,
sie, gegen die wir uns
für große Geister halten.

Eine Fabel

Vor etwa achtzig, neunzig Jahren,
vielleicht sinds hundert oder mehr,
als alle Tiere hin und her
noch hochgelahrt und aufgeläret waren,
wie jetzt die Menschen ohngefähr;
– sie schrieben und lektürten sehr,
die Widder waren die Skribenten,
die andern: Leser und Studenten,
und Zensor war: der Brummelbär. –
Da kam man supplicando ein:
»Es sei unschicklich und sei klein,
um seine Worte und Gedanken
erst mit dem Brummelbär zu zanken,
Gedanken müssten zollfrei sein!«
Der Löwe sperrt' den Bären ein
und tat den Spruch: »Die edle Schreiberei
sei künftig völlig frank und frei!«
Der schöne Spruch war kaum gesprochen,
so war auch Deich und Damm gebrochen.
Die klügern Widder schwiegen still,
laut aber wurden Frosch und Krokodil,
Seekälber, Skorpionen, Füchse,
Kreuzspinnen, Paviane, Lüchse,
Kauz, Natter, Fledermaus und Star,
und Esel mit dem langen Ohr etc. etc.
Die schrieben alle nun, und lieferten Traktate:

vom Zipperlein und von dem Staate,
vom Luftballon und vom Altar,
und wusstens alles auf ein Haar,
bewiesens alles sonnenklar
und rührten durcheinander gar,
dass es ein Brei und Gräuel war.
Der Löwe ging mit sich zu Rate
und schüttelte den Kopf und sprach:
»Die besseren Gedanken kommen nach;
ich rechnete, aus angestammtem Triebe,
auf Edelsinn und Wahrheitliebe –
Sie waren es nicht wert, die Sudler, klein und groß;
macht doch den Bären wieder los!«

MATTHIAS CLAUDIUS

Fuchs und Pferd

Einst wurden Fuchs und Pferd,
warum das weiß ich nicht, auch hat es
mich verdrossen,
denn mir sind beide Tiere wert,
in einen Käfig eingeschlossen.
Das Pferd fing weidlich an zu treten
für Ungeduld, und trat
den armen Reinke Fuchs, der nichts an Füßen hat.
»Das nun hätt ich mir wohl verbeten,
tret er mich nicht, Herr Pferd! Ich will ihn auch
nicht treten.«

MATTHIAS CLAUDIUS

Die Henne

Es war einmal eine Henne fein,
die legte fleißig Eier,
und pflegte denn ganz ungemein
wenn sie ein Ei gelegt zu schrein,
als wär im Hause Feuer.
Ein alter Truthahn in dem Stall,
der Fait vom Denken machte,
ward bös darob, und Knall und Fall
trat er zur Henn' und sagte:
»Das Schrein, Frau Nachbarin, war eben nicht
    vonnöten,
und weil es doch zum Ei nichts tut,
so legt das Ei, und damit gut!
Hört, seid darum gebeten!
Ihr wisset nicht, wie's durch den Kopf mir geht.«
»Hm!«, sprach die Nachbarin und tät
mit einem Fuß vortreten,
»Ihr wisst wohl schön, was heuer
die Mode mit sich bringt, Ihr ungezognes Vieh!
Erst leg ich meine Eier,
dann rezensier ich sie.«

JOHANN HEINRICH MERCK

Der Löwe und der Bucklichte

Der Löw verließ, von Wut entbrannt,
      sein Lager, um den Täter zu entdecken,
      der seine Jungen ihm entwandt,
sein Schmerz erfüllt das Land mit Schrecken;
itzt traf er einen hässlich kleinen Mann,
der bucklicht war, im Walde an.
Sein Grimm, geschäftlich sich zu rächen,
weckt bald den armen Fremdling auf.
»Wer bist du, Freund? – Du willst nicht sprechen?«
Erschrocken sah der Fremdling auf:
»Ich bin Äsop.« – »Äsop?
Der Richter über Lohn und Lob?
Dich muss ich wohl zufrieden lassen,
so schlecht es mir auch itzt gefällt,
wenn ich nicht will, dass noch die spätste Welt
mich soll als einen Wütrich hassen.«

Ihr, die ihr von Natur nicht menschenfreundlich seid,
ihr Großen, seid's, weil es die Klugheit euch gebeut.
Beschützet das Talent, den Redner und den Dichter,
sie geben die Unsterblichkeit.
Die Nachwelt, die nicht gern verzeiht,
hört sie allein als eure Richter.

Die vier Kaufleute

In einer Stadt in Griechenland,
die die Geschichte nicht genannt,
sah man auf einem Markt bei vielen
   seltnen Waren
auch vier Gewölber aufgetan,
wo alle Güter, die der Mensch nur wünschen kann,
um billg'en Preis zu haben waren.
Man traf hier Schönheit und Verstand zu Paaren
und Würden und Geburt zu großen Haufen an.
Das Volk versammelt sich in Scharen.
Und bald sah man die Schönen dieser Stadt
von einem Kram zum andern wandeln
und lang besehn und noch weit länger handeln.
Der Krämer, der die Schönheit ausgeboten hat,
sieht sich von Jung und Alt umrungen.
Die Ware wird ihm abgedrungen,
und man verlangt noch etwas obendrein.
Dort soll es wie in unserm Lande sein,
die alten Weiber wie die jungen,
die wollen gern für schön gehalten sein.
Hier feilscht man einen Zahn und dort ein falsches
   Haar.
Und dort ein Kisschen, das höchst nötig war,
um eine Hüfte zu ergänzen.
Der Jugend Reiz in Pulvern und Essenzen,
der Wangen Rot, der Augen Glut,

wird hier, nachdem der Messpreis gut,
den Käufern richtig dargewogen,
und von der Wirkung, die ein jedes tut,
wie sich's gebührt, gelogen. –

Da, wo man sich um die Geburt verglich,
entstand ein merkliches Gedränge,
die jungen Herzen zeigten sich
gar bald in einer großen Menge.
Und manches Bürgers kluger Sohn
empfing für wichtige Dukaten
ein Pergament mit einem Von.

Auch jener hatte keinen Schaden
mit seinem Amt- und Würdenkram;
denn niemand ging vorbei, der nicht was nahm
von Orden oder Exzellenzen,
und Tit'laturn mit langen Schwänzen.
Nur jenen armen Mann,
der den Verstand zu Markte brachte,
sah jedermann mitleidig an,
und jeder, der vorbeiging, lachte.
Er rufte sich bald tot:
»Ihr Herren, kauft, so habt ihr's in der Not.«
Allein man schrie mit hellem Haufen:
»Was denkt der Tor von unsrer Stadt!
Der Tor! Er will uns das verkaufen,
was jeder überflüssig hat!«

GEORG CHRISTOPH LICHTENBERG

Das Nachtlichtchen und die Sonne

Ich weiß gar nicht, sagte das Nachtlichtchen zur Sonne, warum du dich allemal verkriechst, wenn ich zu brennen anfange; du fürchtest dich doch wohl nicht vor mir? Nein, war die Antwort, aber, wenn ich bliebe, wo bliebe das Nachtlichtchen?

Ich schweige – nicht weil ich mich vor dir fürchte, boshafter Pasquillant, sondern – wenn ich von dir zu reden anfinge, wo bliebe dein Glück und deine Ehre?

CLEMENTE BONDI

Die Schildkröte

Beim Schein der Röte
macht auf dem Weg sich eine Landschild-
kröte,
um etwa auf Entfernung einer Meile
verschiedne wichtige Dinge zu besorgen.
So ging sie aus am Morgen
und wanderte – sie liebt nicht sehr die Eile –
langsam dahin und mit bedächtiger Weile.
So kam's, dass sie in fünfzehn Stunden
kaum fünfzig Fuß des Weges überwunden.
Und ganz erstaunt, dass rings schon Dunkel lag,
rief sie: »Mein Gott, wie kurz ist doch der Tag!«

JOHANN GOTTFRIED VON HERDER

Alte Fabeln mit neuer Anwendung

Die Mäuslein sind zu sehr erschreckt,
sie bleiben, wo sie sind, versteckt,
und ich leid Hungersnot!
Was gilt's, ich stell mich tot!
Ich kluge Frau
bin schlau.«
Frau Katze sprach's und tat's genau:
Da lag ihr Kopf
und dort ihr langer Schwanz.
»Bist doch ein Tropf,
hochweise Frau!
Werd auch ein Sack! wir kennen dich schon ganz.«

Hochweise Frau,
Jahrhunderts Toleranz!

Der Habicht schoss im schönsten Schall
der kleinen Nachtigall
hinab und biss sie tot.
»Du schlechter Freund der Virtuosen!«,
sprach König Aar. Der aber ward nicht rot:
»Was? liebzukosen
In Hungersnot?«

Was werden alle Musen neun
und Gott Apollo höchstmit sein,

wenn unsre Kinder Hungers schrein
und unsre Länder darben
und unsre Prasser starben?

erstreute hund- und hirtenlose Herde,
weh dir! da brüllt ein Leu.
»Wo sind nun unsre Hirten?
Ach, wie wir uns verirrten!
Der sel'ge Hund, er war so treu
und stark dabei,
und wir ergaben, dumme Herde,
dem Wolf ihn! Nun vorbei!
Da kommt der Leu!«

Ihr Deutsche, wo ist Euer Huß
und Sickingen und Hutten blieben?
Sind aufgerieben!
Der deutschen Freiheit Morgengruß!

wei Auerstiere ging der Löw' einst an.
Sie standen zwei für einen Mann.
Da ward nichts draus,
er ging nach Haus,
bis er sie jeden einzeln fand
und überwand.

Mein Vaterland,
Deutschland!

FELIX MARIA DE SAMANIEGO

Die kranken Tiere

Im Tal, im Feld, in düstren Waldrevieren –
ein Reich, bewohnt von Tieren –
brach eine gift'ge Krankheit aus
urplötzlich,
die unter ihnen wütete entsetzlich.
Dort wo in alter hergebrachter Weise
der König Mustrung hielt im Höflingskreise
und sein erhabnes Auge sich erfreute,
dass man ihm Weihrauch streute,
da lag – o kläglich jammervolles Zeichen! –
das Feld bedeckt mit Sterbenden und Leichen.
Betrübt reckt da der Löwe seine Glieder
und spricht: »Geliebte Brüder,
schaut, Gottes Zorn ruht furchtbar auf uns Armen,
drum lasst zu ihm uns flehen um Erbarmen.
Vielleicht lässt sich des Himmels Zorn bezwingen,
wenn wir ein Opfer bringen.
Es sterbe, wer von uns der größte Sünder!
Nun lasst uns beichten, Kinder!
Ich hab blutdürstig, grausam, ohn' Gewissen
schuldlose Lämmer, Kalb und Kuh zerrissen
und bin durch Raub und Morden
der Berge Graun, der Wälder Schrecken worden.«
»Herr«, tut der Fuchs da sprechen,
»ich find in eurem Tun nur ein Verbrechen,
dass allzu gütig Majestät geruhte,

129

zu flecken mit dem ganz gemeinen Blute
von jenen elenden gehörnten Fratzen
die hohen Zähn' und königlichen Tatzen.«
»So ist es«, riefen alle. »Heil dem Sieger!«
Drauf beichteten der Panther, Bär und Tiger
von Mord und Greueltaten wohl zum Schaudern,
und alle Tiere riefen sonder Zaudern:
»Oh, das hat nichts zu sagen!«
Der Esel drauf begann sich anzuklagen.
Verwirrt er stottert, und er spricht beklommen:
»Jüngst bin am Korne ich vorbeigekommen,
ich war so hungrig, und der Herr war ferne;
Es sahen nur die Sterne –
Da hab ich mich, verzeiht, o Herr, vergessen
und von dem Korn zwei Hälmchen nur gegessen.«
»Pfui, Esel, über dich, du stahlst vom Korne«,
schrie da der Fuchs in namenlosem Zorne.
Und alle schrien: »Tod für das Verbrechen,
das Gott an uns Unschuld'gen wollte rächen!«
Der Esel, ach, der ward zum Tod geführt,
der Wolf, der böse, hat ihn massakriert.

Bist du auch schlecht, du giltst für tugendhaft,
o Mensch, solange dein ist Macht und Kraft.
Doch bist du arm und elend und hast recht,
es hält die Welt dich darum doch für schlecht.
Nicht nur bei Hof ist's so, Gott steh uns bei,
so ist es überall – o Eselei!

FELIX MARIA DE SAMANIEGO

Die Seefahrer

s standen Reisende im Schiffe jammernd,
voll Angst im Sturm den Mast
umklammernd.
Die blinde Wut des Wassers und der Wogen
das Schiff zur Tiefe zogen.
Doch plötzlich ruhn die Winde,
durch Wolken lacht die Sonne klar und linde.
Die eben noch geweinet,
sind lachend jetzt in Freud und Lust vereinet.
Und nur der Steuermann, der stand alleine
im Sturme heiter und im Sonnenscheine.

Gleich ihm, verzag nicht, Mensch, im Missgeschick,
denn wisse, plötzlich wechselt's wie das Glück.

GOTTFRIED AUGUST BÜRGER

Die Esel und die Nachtigallen

s gibt der Esel, welche wollen,
dass Nachtigallen hin und her
des Müllers Säcke tragen sollen.
Ob recht? fällt mir zu sagen schwer.
Das weiß ich: Nachtigallen wollen
nicht, dass die Esel singen sollen.

JOHANN HEINRICH PESTALOZZI

Der Sturm und die Schneeflocke

Der Sturm brach hier und dort einen Ast von den Bäumen; aber da er nachließ, fiel ohne ein Lüftchen ein Schnee, dessen kleine Flocken tausend Äste von den Bäumen brachen, gegen einen, den der Sturm abriss.

Es ist ein altes Sprichwort: »Stille Wasser fressen auch Grund.« Darum verachte die klein scheinende Kraft nicht; der Regentropfen, der von der Rinne fällt, durchlöchert den Felsen.

JOHANN HEINRICH PESTALOZZI

Der Tiere Gerechtigkeitspflege

Der Löwe zerreißt das beklagte Tier; denn es steht in seinem Rachen geschrieben: »Es ist des Todes schuldig.«

Um die Wahrheit von dem Beklagten zu ergründen, schlägt ihm der Stier seinen Farrenschwanz über den Rücken. Der Hund sucht sein Bekenntnis durch die Beängstigungen des Bellens und die Qualen des Beißens zu erzwingen. Der Elefant hingegen befragt das beklagte Tier, aber auf eine Art, dass er dasselbe, wenn es sich im dritten Verhöre nicht selbst verstrickt hat, mit Sicherheit aus seinem Gehege lassen kann. Der Affe fragt dasselbe auch, aber wie ein Affe, und wenn er dann mit seinen Affenfragen nichts herausbringt, so wird er wild und nimmt zu den Maßregeln des Hunds und des Stiers seine Zuflucht.

Auch hierin zeigt sich die Wahrheit, dass die tierische Menschennatur alle Schwächen und Einseitigkeiten aller Tierarten in sich selber vereinige und im einzelnen Menschen in den Eigenheiten aller Tierarten und darin in allen Gestalten, von den Kräften des Löwen bis zu den Schwächen des Faultiers und der Mäusegeschlechter hinunter, Beispiele aufstelle, die mit den Schwächen und Eigenheiten der verschiedenen Tiere die auffallendste Ähnlichkeit haben.

JOHANN HEINRICH PESTALOZZI

See und Fluss

ch ruhe in ewiger Klarheit und Stille in meinem unveränderlichen Selbst.« – »Und ich fließe in ewiger Freiheit ins Weltmeer.«

Also stritten sich See und Fluss miteinander. Die Toren! Kann denn der See fließen oder der Fluss stillstehen?

Die Selbstsucht der Menschennatur rühmt sich in allen Verhältnissen jeder Kraft und jedes Vorzugs, die sie in sich selbst fühlt, und ist grenzenlos unaufmerksam auf die Mittel und Ursachen, durch welche ihr diese Kräfte und Vorzüge eigen geworden. Die tote Natur ist unfühlend, und die lebendige, insofern ihr Leben von der Selbstsucht des Fleisches und des Blutes ausgeht, ist es auf eine Art noch weit mehr.

JOHANN WOLFGANG VON GOETHE

Adler und Taube

Ein Adlerjüngling hob die Flügel
nach Raub aus;
ihn traf des Jägers Pfeil und schnitt
der rechten Schwinge Sennkraft ab.
Er stürzt' herab in einen Myrtenhain,
fraß seinen Schmerz drei Tage lang
und zuckt' an Qual
drei lange, lange Nächte lang.
Zuletzt heilt ihn
allgegenwärt'ger Balsam
allheilender Natur.
Er schleicht aus dem Gebüsch hervor
und reckt die Flügel – ach!
die Schwingkraft weggeschnitten –,
hebt sich mühsam kaum
am Boden weg,
unwürd'gem Raubbedürfnis nach
und ruht tieftrauernd
auf dem niedern Fels am Bach;
er blickt zur Eich hinauf,
hinauf zum Himmel,
und eine Träne füllt sein hohes Aug.

Da kommt mutwillig durch die Myrtenäste
dahergerauscht ein Taubenpaar,
lässt sich herab und wandelt nickend

über goldnen Sand und Bach
und ruft einander an.
Ihr rötlich Auge buhlt umher,
erblickt den Innigtrauernden.
Der Täuber schwingt neugiergesellig sich
zum nahen Busch und blickt
mit Selbstgefälligkeit ihn freundlich an.
Du trauerst, liebelt er,
sei guten Mutes, Freund!
Hast du zur ruhigen Glückseligkeit
nicht alles hier?
Kannst du dich nicht des goldnen Zweiges freun,
der vor des Tages Glut dich schützt?
Kannst du der Abendsonne Schein
auf weichem Moos am Bache nicht
die Brust entgegenheben?
Du wandelst durch der Blumen frischen Tau,
pflückst aus dem Überfluss
des Waldgebüsches dir
gelegne Speise, letzest
den leichten Durst am Silberquell.
O Freund, das wahre Glück
ist die Genügsamkeit,
und die Genügsamkeit
hat überall genug. –
O weise!, sprach der Adler, und trüb erst
versinkt er tiefer in sich selbst,
o Weisheit! Du redst wie eine Taube!

JOHANN WOLFGANG VON GOETHE

Die Frösche

Ein großer Teich war zugefroren,
die Fröschlein, in der Tiefe verloren,
durften nicht ferner quaken noch springen,
versprachen sich aber, im halben Traum,
fänden sie nur da oben Raum,
wie Nachtigallen wollten sie singen.
Der Tauwind kam, das Eis zerschmolz,
nun ruderten sie und landeten stolz
und saßen am Ufer weit und breit
und quakten wie vor alter Zeit.

JOHANN WOLFGANG VON GOETHE

Fliegentod

Sie saugt mit Gier verrätrisches Getränke
unabgesetzt, vom ersten Zug verführt;
sie fühlt sich wohl, und längst sind die Gelenke
der zarten Beinchen schon paralysiert;
nicht mehr gewandt, die Flügelchen zu putzen,
nicht mehr geschickt, das Köpfchen aufzustutzen –
das Leben so sich im Genuss verliert.
Zum Stehen kaum wird noch das Füßchen taugen;
so schlürft sie fort, und mitten unterm Saugen
umnebelt ihr der Tod die tausend Augen.

DON TOMÁS DE IRIARTE Y OROPESA

Die Ameise und der Floh

E s haben manche eigenes Gelüsten
zu geben sich, als ob sie alles wüssten,
die, wenn sie etwas hören oder sehen,
mag's noch so neu sein und vollkommen stehen,
es trivial und unbedeutend nennen,
behüte Gott, dass sie was anerkennen.

Die Art von Leuten soll
mir nicht entwischen, nein, bei meiner Seele,
sie habe gleichfalls ihre Fabel voll,
ob einen Tag ich mir damit auch stehle.

Ameise tät dem Floh einst anvertrauen,
wie sie sich gar so plage,
wie schwer sie den Bedarf zusammentrage,
wie ihre Art, die Kammern aufzubauen,
wie Wohnung drin und Speicher sind zu schauen,
wie man das Korn beschafft,
und wie in Arbeit jede Arbeitskraft.
Und so erzählte sie noch Einzelheiten,
die man gewiss versucht wär zu bestreiten,
wenn nicht Erfahrung täglich
sie uns bestätigte unwiderleglich.

Auf all dies gab kein Zeichen
der Floh von sich, als dass er hie und da

einwarf ein Wort, wie diese und dergleichen:
»Ganz recht; sehr wohl; man könnte sagen; ja;
ich weiß schon; wie ich sagte; zweifellos;
du siehst ja, ganz gewöhnlich ist es bloß.«

Ameise, aus dem Häuschen schon gebracht
durch die Bemerkungen, die er gemacht,
sprach drauf zum Floh: »Kommt Freundin mit,
    ich bitte,
wir wenden zu dem Haufen unsre Schritte.
Und da Ihr in so hohem Meisterton
das alles leicht und abgedroschen findet,
so gönnt Ihr mir wohl schon
Belehrung; glaubt, dass Ihr mich sehr verbindet.«

Der Floh tat drauf behende einen Satz
und sprach mit einer Frechheit aus dem Vollen:
»Die Kleinigkeit, mein Schatz!
Du glaubst, sie macht mir die geringste Qual?
Man muss nur eben wollen.
Doch – fehlt mir heut die Zeit – ein andermal.«

DON TOMÁS DE IRIARTE Y OROPESA

Die Warze, die Beule und der Buckel

iner der Dichter,
wie so häufig,
schuf seiner Laune
Kinder geläufig;
ehe die Reife
noch sie geklärt,
ward ihnen Beifall
reichlich gewährt.
Ernste Tragödien,
Lustspiele schrieb er,
wie auch Bluetten:
gleich immer blieb er.
Ob er bezahlt auch
wurde im Baren,
wollte ein Urteil
doch er erfahren,
frug einen Freund einst,
dass er erführe,
welch eine Schätzung
ihm wohl gebühre.
Dieser erwidert:
Mir sind gelegen
meist die Bluetten. –
Nun und weswegen? –
Habe Geduld, ich
will mich erklären …

Dieses Geschichtchen
wird es dich lehren.
Siehe, ein Buckel
und eine Warze
und eine Beule
(träf ich ins Schwarze!)
stritten in langen
Wettzänkereien,
wer denn der schönste
sei von den dreien.
Und der Herr Buckel,
größer als alle,
glaubt, dass der Vorrang
ihm nicht entfalle.
Aber die Beule
ließ sich nicht schelten;
proportionierter,
wollt' sie mehr gelten.
Doch auch die Warze
griff nach dem Siege,
weil ihre Anmut
im Kleinen liege.
Lachend vernahm ein
Kluger den Zwist,
rief dann: Im Rechte
die Warze ist!
Denn alle drei seid ihr ein solch Gebreste,
dass von euch gilt: Das Kleinste ist das Beste!

GIOVANNI GHERARDO DE ROSSI

Das Pferd und der Fuchs

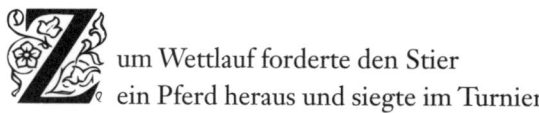um Wettlauf forderte den Stier
ein Pferd heraus und siegte im Turnier.

Und alle Tiere, die da zugeschaut,
lobpriesen und bejubelten es laut.

Der Fuchs nur schwieg. Der Renner frug: »Warum
bist du allein von allen stumm?«

»Ich«, sprach der Fuchs, »ich warte mit dem Lobe,
bis mit dem Hirsche du bestandst die Probe.«

Im Kampf den schwachen Feind zu schlagen,
ist noch kein Grund, die Stirne hochzutragen.

JEAN-PIERRE CLARIS DE FLORIAN

Rhinozeros und Dromedar

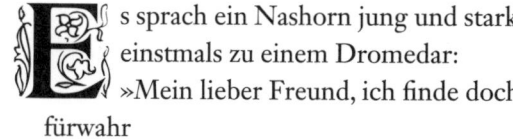s sprach ein Nashorn jung und stark
einstmals zu einem Dromedar:
»Mein lieber Freund, ich finde doch
    fürwahr
die Ungerechtigkeit des Schicksals arg.

Der Mensch, das mächtige, geschickte Tier,
sucht dich mit Eifer auf, er schmeichelt dir,
er schützt dich vor Gefahr und Not,
er teilt mit dir sein täglich Brot
und schätzt sich glücklich, hat von euch
er eine ganze Herde gleich.
Wohl dient ihr ihm treu und ohne Rasten,
tragt seine Kinder ihm, sein Weib und seine Lasten,
seid dankbar, sanft, bescheiden, unermüdlich,
ich geb es zu – auch könnt ihr lange fasten.
Doch just so brauchbar und so friedlich
ist das Rhinozeros, und – ohne euch zu kränken –
mein ich sogar, man müsste uns den Vorzug
    schenken;
denn unser Panzer, unser Horn
ist Schild und Waffe in der Schlacht –
Trotzdem hat uns der Mensch nur immer Zorn,
Hass und Verachtung dargebracht.« –
»Freund«, sprach darauf das Dromedar,
»du brauchst dich wahrlich neidisch nicht zu zeigen;
dass ihr an Tugenden uns gleicht, ist wahr.
Doch will ich eins dir nicht verschweigen,
und dieses macht den Unterschied dir klar:
Wir wissen unser Knie zu beugen!«

JEAN-PIERRE CLARIS DE FLORIAN

Der weiße Elefant

n Asien gibt es manches Land,
wo man den weißen Elefant
wie einen Gott verehrt.
Als Stall ist ihm ein ganzes Schloss beschert,
er speist aus einer goldnen Schüssel,
und alles Volk fällt nieder in den Staub,
schwenkt der Erhabene den Rüssel. –
Einst promeniert' in seines Schlosses Hof
ein solcher weißer Elefant und Philosoph:
»Was kam denn wohl euch Menschen in den Sinn,
mir so viel Ehrfurcht zu erweisen,
da ich doch immerhin ein Tier nur bin?«,
sprach er zum Wärter. – »Herr, wie muss ich
    preisen
die göttliche Bescheidenheit, die aus dir spricht.
Wie, wüsstest du denn nicht,
was doch ganz Indien weiß, dass die geschiednen
    Seelen
der größten Helden, die das Vaterland gekannt,
sich euern Leib zum Aufenthalte wählen?
Darum verehrt man dich, den weißen Elefant.«
So sprach der Knecht.
»Was! Hör ich recht?
Ihr haltet uns für Helden?« – »Zweifellos!« –
»Und wäre dies nicht, so lebten wir im Schoß
der tiefen Wälder, frei und unbewacht?« –

»Ja, Herr!« – »O Freund, was habt ihr da gemacht!
Ich bitt dich, lass mich eilends frei und fort,
ganz Indien betrügt dich, auf mein Wort!
Denk nur ein wenig nach, so wirst du es ergründen
und euren Glauben selbst unsinnig finden.
Wir sind hingebend, sanft und voller Zärtlichkeit,
trotz höchster Kraft und Macht ziert uns
    Bescheidenheit,
wir triumphieren nicht, wenn Schwache unterliegen,
an unsre Treu kann sich getrost Vertrauen schmiegen,
und die Vergötterung, die ihr uns dargebracht,
hat wirklich nicht hochmütig uns gemacht. –
So gib es zu, mein Freund, es muss ein Irrtum sein –
Wir haben mit euch Menschen wahrlich nichts
    gemein!«

IWAN KRYLOW

Der Bauer und der Tod

in Bauer, kraftlos, abgespannt und alt,
hat Holz gesucht und das, was er
gefunden,
verschnürt und auf den Rücken festgebunden.
Nun schleppt er mühsam heim sich durch den Wald.

Er stöhnt, weil er sich hart muss schinden.
Die Bürde drückt, die Kräfte schwinden,
da ist das böse Reißen wieder.

Der Alte wirft das Bündel nieder
und setzt sich seufzend auf die Last.
Er wischt den Schweiß sich aus dem Haar
und spricht: »Ich hab so manches Jahr
geplagt mich ohne Ruh und Rast.
Was hab ich von der Schinderei?
Ich blieb stets arm, ich bin nicht frei:
Gebühren, Steuern, Fron und Zwang
bedrängten mich mein Leben lang.
Dazu die Furcht vor jedem Winter,
die Sorgen um die Frau und Kinder,
Das Ende droht und das Verderben!
Am liebsten möcht ich heut schon sterben!
Ach, Sensemann, nimm meine Not!«

»Hier bin ich! Was willst du vom Tod?«
Der alte Mann erstarrt, ganz nah
steht Meister Tod leibhaftig da!
Mit Grauen sieht er die Gestalt.
Er bebt und zittert, und er lallt:
»O guter Tod, du wirst mir doch verzeihn.
Ich rief nach dir; ich wollte dich nur fragen:
Kannst du, der du so stark bist, mir beim Tragen
der schweren Bürde wohl behilflich sein?«

Man gibt nicht gern sein Leben her,
Selbst nicht ein Leben voller Leiden:
Ist auch das Dasein noch so schwer,
Noch schwerer ist's, aus ihm zu scheiden.

IWAN KRYLOW

Die Spaziergänger und die Hunde

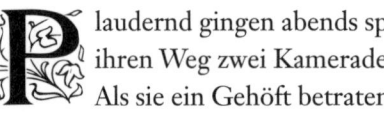Plaudernd gingen abends spät
ihren Weg zwei Kameraden.
Als sie ein Gehöft betraten,
stürzte, zornig aufgebläht,
rasch ein Hofhund auf sie zu,
kläffte grimmig, und im Nu
kam ein ganzer Hundehaufen
wütend bellend angelaufen.
Um die Meute zu vertreiben,
hob der eine von den Freunden schnell
einen Stein auf. »Lass das bleiben«,
sprach der andre, »du kannst das Gebell
nie dem Hundevolk verwehren.
Deine Abwehr schürt nur ihre Wut.
Lass dich drum von mir belehren:
Es ist ratsam, Freund, und gut,
gar nicht nach der Meute hinzusehen
und gelassen seinen Weg zu gehen.
Glaube mir. Das Pack schweigt bald,
ist erst unser Schritt verhallt.«

Wirklich ließen Lärm und Krach
schon nach fünfzig Schritten nach.
Ein Hund krächzte nur noch heiser – schrill
kurze Zeit. Dann war auch dieser still.

Auf dem Wege durch die Welt
wirst auch du stets angebellt.
Hör nicht hin, geh ruhig weiter,
nimm das Lästern stumm in Kauf,
denn dann hören deine Neider
schon von selbst zu kläffen auf!

IWAN KRYLOW

Der Affe und die Brille

in Affe war recht altersschwach;
es ließ die Kraft der Augen nach,
er konnte kaum noch sehen.
Man sagte zu dem alten Tier:
»Kauf einfach eine Brille dir,
das Übel wird vergehen!«

Der Affe folgt' diesem Wink
und kaufte in der Stadt sich flink
die schönste Augenbrille.
Er nahm sich gleich das Sehglas vor
und hielt es lauschend an das Ohr:
Es blieb doch alles stille.

Er schob die Brille in den Schopf.
Sie konnte auch nicht auf dem Kopf
die Sehkraft neu erwecken.
Er drehte sie nun her und hin,

doch kam es ihn nicht in den Sinn,
sie richtig aufzustecken.

Er hat die Brille gar zuletzt
sich mitten auf den Schwanz gesetzt,
wo sie erst recht nicht passte.
Der Affe kam in helle Wut:
Die Sache war für gar nichts gut!
Wie er die Brille hasste!

Er riss sie zornig von dem Schwanz:
»Geht weg mir mit dem Firlefanz!
Man hat mich angelogen!
Die ganze Welt sinnt nur auf Lug,
und ist man selber noch so klug:
Der Klügste wird betrogen!

Die Brille ist ein schlechtes Ding,
sie taugt nicht einen Pfifferling
und dient nur dem Verderben!«
Der Affe nahm schnell einen Stein,
schlug heftig auf die Brille ein,
bis alles war in Scherben.

Wer Dingen, die er nicht versteht,
beflissen aus dem Wege geht,
wird diese niemals preisen.
Dem Affen gleicht der Mensch aufs Haar,
der so ein Ding, das ihm nicht klar,
gleich muss in Stücke reißen.

IWAN KRYLOW

Der Rabe

Ein Adler stürzte nieder auf die Erde
und stahl ein kleines Lamm aus einer Herde.
Ein Rabe, der das sah, der sagt' sich:
Was dieser Adler kann, das kann auch ich.
Doch ist ein Lamm ein viel zu kleiner Nutzen,
es lohnt sich kaum, die Krallen zu beschmutzen.
Wenn ich nur will, dann raube ich mir heute
beherzt und kühn das größte Stück als Beute.
Er flog empor. Er hatte bei der Zahl
der vielen Tiere keine leichte Wahl.
Er suchte lange, wählte und verglich,
und ganz zum Schluss entschied er sich
für einen Schafbock, der bei seiner Schwere
sogar dem Wolf nicht leicht gewesen wäre.
Der Rabe ließ sich tollkühn niederfallen
und stieß mit aller Kraft die langen Krallen
dem Schafbock in das dichte Fell hinein –
und sah sogleich den schweren Irrtum ein:
Er war zu klein, die Beute war zu groß,
das Schlimmste war: Sie ließ ihn nicht mehr los.
Die Krallen hatten sich im Fell verfangen,
wie in die Falle war der Dieb gegangen.
Die Hirten kamen, griffen nach dem Raben
und stutzen ihm die Flügel, und sie gaben
den Kindern dann das Tier, das gleich gefiel,
weil es sich eignete als Kinderspiel.

Man findet oft und überall
bei Menschen ganz den gleichen Fall:
Den kleinen Schelm lässt es nicht ruhn,
er will es wie der große tun.
Dem großen ist es gut gegangen,
der kleine Dieb, der wird gefangen.

KAROLINE STAHL

Der treue Hund

Schnuppernd schlich sich um die Schafe
rings der Wolf mit schlauem Blick,
ob wohl Spitz, der Wächter, schlafe,
und die Schäfchen flohn zurück.

Eng gedrückt auf einen Haufen,
zittern sie von ihm bedroht;
eilen sich ihm zu entlaufen
in der größten Angst und Not.

Und er spricht mit List zu Spitzen:
»Ei, wie möcht ich doch wie du
bei den dummen Schafen sitzen
so in träger, fauler Ruh.«

»Komm mit in den Wald spazieren,
kühl ist's dort, nicht heiß, wie hier.

Lass dich, Freundchen, von mir führen,
steh nur auf und folge mir.«

Aber Spitz weist ihm die Zähne,
heißet ihn beizeiten gehn,
wenn er sich nicht etwa sehne,
noch der Schafe Herrn zu sehn.

Nimm, o Kind!, vom Spitz die Lehre,
folge ja dem Heuchler nicht,
der, damit er dich betöre,
mit verstellten Worten spricht.

HEINRICH VON KLEIST

Fabel ohne Moral

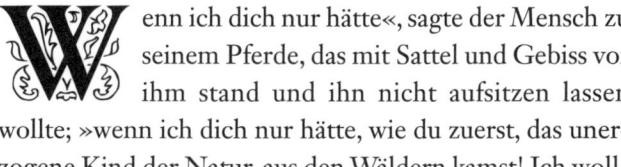enn ich dich nur hätte«, sagte der Mensch zu seinem Pferde, das mit Sattel und Gebiss vor ihm stand und ihn nicht aufsitzen lassen wollte; »wenn ich dich nur hätte, wie du zuerst, das unerzogene Kind der Natur, aus den Wäldern kamst! Ich wollte dich schon führen, leicht, wie ein Vogel, dahin, über Berg und Tal, wie es mich gut dünkte; und dir und mir sollte dabei wohl sein. Aber da haben sie dir Künste gelehrt, Künste, von welchen ich, nackt, wie ich vor dir stehe, nichts weiß; und ich müsste zu dir in die Reitbahn hinein (wovor mich doch Gott bewahre), wenn wir uns verständigen wollten.«

JACOB UND WILHELM GRIMM

Der Fuchs und die Katze

Es trug sich zu, dass die Katze in einem Walde dem Herrn Fuchs begegnete, und weil sie dachte: »Er ist gescheit und wohl erfahren und gilt viel in der Welt«, so sprach sie ihm freundlich zu. »Guten Tag, lieber Herr Fuchs, wie geht's? Wie steht's? Wie schlagt ihr euch durch in dieser teuren Zeit?«

Der Fuchs, allen Hochmutes voll, betrachtete die Katze von Kopf bis zu Füßen und wusste lange nicht, ob er eine Antwort geben sollte. Endlich sprach er: »O du armseliger Bartputzer, du buntscheckiger Narr, du Hungerleider und Mäusejäger, was kommt dir in den Sinn? Du unterstehst dich zu fragen, wie mir's gehe? Was hast du gelernt? Wie viel Künste verstehst du?«

»Ich verstehe nur eine einzige«, antwortete bescheidentlich die Katze.

»Was ist das für eine Kunst?«, fragte der Fuchs.

»Wenn die Hunde hinter mir her sind, so kann ich auf einen Baum springen und mich retten.«

»Ist das alles?«, sagte der Fuchs, »ich bin Herr über hundert Künste und habe überdies noch einen Sack voll List. Du jammerst mich, komm mit mir, ich will dich lehren, wie man den Hunden entgeht.«

Indem kam ein Jäger mit vier Hunden daher. Die Katze sprang behend auf einen Baum und setzte sich in den Gipfel, wo Äste und Laubwerk sie völlig verbargen.

»Bindet den Sack auf, Herr Fuchs, bindet den Sack

auf«, rief ihm die Katze zu, aber die Hunde hatten ihn schon gepackt und hielten ihn fest.

»Ei, Herr Fuchs«, rief die Katze, »Ihr bleibt mit Euern hundert Künsten stecken. Hättet Ihr heraufkriechen können wie ich, so wär's nicht um Euer Leben geschehen.«

JACOB UND WILHELM GRIMM

Der Nagel

Ein Kaufmann hatte auf einer Messe gute Geschäfte gemacht, alle Waren verkauft und seine Geldkaste mit Gold und Silber gespickt. Er wollte jetzt heimreisen und vor Einbruch der Nacht zu Hause sein. Er packte also den Mantelsack mit dem Geld auf sein Pferd und ritt fort. Zu Mittag rastete er in einer Stadt; als er weiter wollte, führte ihm der Hausknecht das Ross vor, sprach aber: »Herr, am linken Hinterfuß fehlt im Hufeisen ein Nagel.« – »Lasst ihn fehlen«, erwiderte der Kaufmann, »die sechs Stunden, die ich noch zu machen habe, wird das Eisen wohl fest halten. Ich habe Eile.« Nachmittags, als er wieder abgestiegen war und dem Ross Brot geben ließ, kam der Knecht in die Stube und sagte: »Herr, Eurem Pferd fehlt am linken Hinterfuß ein Hufeisen. Soll ich es zum Schmied führen?« – »Lass es fehlen«, erwiderte der Herr, »die paar Stunden, die noch übrig sind, wird das Pferd wohl aushalten. Ich habe Eile.« Er ritt fort, aber nicht lange, so fing das Pferd zu hinken an. Es hinkte nicht lange, so fing es an zu stolpern, und es stolperte nicht lange, so fiel es nieder und brach ein Bein. Der Kaufmann musste das Pferd liegen lassen, den Mantelsack abschnallen, auf die Schulter nehmen und zu Fuß nach Hause gehen, wo er erst spät in der Nacht anlangte. »An allem Unglück«, sprach er zu sich selbst, »ist der verwünschte Nagel schuld.« Eile mit Weile.

ALBERT LUDEWIG GRIMM

Der Affe

Ein Mann war hinausgegangen in den Wald und spaltete da einen ungeheuer langen Baum der Länge nach in Scheiter. Da bekam er Durst und ging weg an eine Quelle des Waldes, zu trinken, und die Axt ließ er zurück bei dem Baume. Aber ein Affe hatte ihm zugesehen von einem Baume herab; und als der Mann weg war, stieg er herunter und wollt es ihm nachmachen. Und er setzte sich auf den Baum und führte etliche Streiche darauf, dass das Holz einen großen Spalt bekam. Aber sein Schwanz geriet ihm in den Spalt, und als er die Axt herauszog, klemmte sich das Holz wieder zusammen und hielt ihn so an seinem Schwanze gefangen. Da schrie er laut vor großen Schmerzen, und der Mann sah ihn und rief seine Freunde, dass sie kamen und ihn gefangen nahmen.

So kam der Affe durch seinen Vorwitz um seine Freiheit.

FRIEDRICH RÜCKERT

Die Rache für den Steinwurf

Des Sultans Günstling warf im Ärger einen Stein
nach einem Bettler, der steckt ihn als Almos' ein.
Im Busen trug er lang den Schatz mit viel Beschwerde,
dass bei Gelegenheit der Stein ihn rächen werde.
Da hört er einst am Markt Getümmel und Geschrei;
der Günstling kommt, doch nicht als Günstling mehr, herbei.
Den Esel reitet er, vom hohen Ross gefallen,
und mitten durch den Schimpf des Pöbels muss er wallen.
Da zieht der Bettler aus dem Busen schnell hervor
den Stein und wirft ihn weg und spricht: »Ich war ein Tor.
Am Feind in seiner Macht ist's Torheit sich zu rächen,
und in der Ohnmacht ist's ein niedriges Verbrechen.«

ARTHUR SCHOPENHAUER

Die Stachelschweine

Eine Gesellschaft Stachelschweine drängte sich, an einem kalten Wintertage, recht nahe zusammen, um durch die gegenseitige Wärme sich vor dem Erfrieren zu schützen. Jedoch bald empfanden sie die gegenseitigen Stacheln, welches sie wieder voneinander entfernte. Wann nun das Bedürfnis nach Wärme sie wieder näher zusammenbrachte, wiederholte sich jenes zweite Übel, so dass sie zwischen beiden Leiden hin und her geworfen wurden, bis sie eine mäßige Entfernung voneinander herausgefunden hatten, in der sie es am besten aushalten konnten.

FRANZ GRILLPARZER

Zu Äsops Zeiten sprachen die Tiere

Zu Äsops Zeiten sprachen die Tiere,
die Bildung der Menschen ward so die ihre.
Da fiel ihnen aber mit einmal ein,
die Stammesart sollte das Höchste sein.
»Ich will wieder brummen«, sprach der Bär,
zu heulen war des Wolfs Begehr.
»Mich lüstet's zu blöken«, sagte das Schaf,
nur einer der bellt, schien dem Hunde brav.
Da wurden allmählich sie wieder Tiere,
und ihre Bildung der Bestien ihre.

HEINRICH HEINE

Der tugendhafte Hund

Ein Pudel, der mit gutem Fug
den schönen Namen Brutus trug,
war vielberühmt im ganzen Land
ob seiner Tugend und seinem Verstand.
Er war ein Muster der Sittlichkeit,
der Langmut und Bescheidenheit.
Man hörte ihn loben, man hörte ihn preisen
als einen vierfüßigen Nathan den Weisen.
Er war ein wahres Hundejuwel!
So ehrlich und treu! eine schöne Seel'!
Auch schenkte sein Herr in allen Stücken
ihm volles Vertrauen, er konnte ihn schicken
sogar zum Fleischer. Der edle Hund
trug dann einen Hängekorb im Mund,
worin der Metzger das schön gehackte
Rindfleisch, Schaffleisch, auch Schweinefleisch
   packte.
Wie lieblich und lockend das Fett gerochen:
Der Brutus berührte keinen Knochen,
und ruhig und sicher, mit stoischer Würde,
trug er nach Hause die kostbare Bürde.

Doch unter den Hunden wird gefunden
auch eine Menge von Lumpenhunden
– wie unter uns –, gemeine Köter,
Tagdiebe, Neidharde, Schwerenöter,

die ohne Sinn für sittliche Freuden
im Sinnenrausch ihr Leben vergeuden!
Verschworen hatten sich solche Racker
gegen den Brutus, der treu und wacker,
mit seinem Korb im Maule, nicht
gewichen von dem Pfade der Pflicht.
Und eines Tages, als er kam
vom Fleischer und seinen Rückweg nahm
nach Hause, da ward er plötzlich von allen
verschwornen Bestien überfallen;
da ward ihm der Korb mit dem Fleisch entrissen,
da fielen zu Boden die leckersten Bissen,
und fraßbegierig über die Beute
warf sich die ganze hungrige Meute. –
Brutus sah anfangs dem Schauspiel zu,
mit philosophischer Seelenruh;
doch als er sah, dass solchermaßen
sämtliche Hunde schmausten und fraßen,
da nahm auch er an der Mahlzeit teil
und speiste selbst eine Schöpsenkeul'.

Moral
Auch du, mein Brutus, auch du, du frisst?
So ruft wehmütig der Moralist.
Ja, böses Beispiel kann verführen;
und, ach! gleich allen Säugetieren,
nicht ganz und gar vollkommen ist
der tugendhafte Hund – er frisst!

HEINRICH HEINE

Der Wanzerich

s saß ein brauner Wanzerich
auf einem Pfennig und spreizte sich
wie ein Rentier und sprach: »Wer Geld hat,
auch Ehr und Ansehn in der Welt hat.

Wer Geld hat, ist auch lieblich und schön –
es kann kein Weib ihm widerstehn.
Die Weiber erbleichen schon und zittern,
sobald sie meinen Odem wittern.

Ich habe manche Sommernacht
im Bett der Königin zugebracht;
sie wälzte sich auf ihren Matratzen
und musste sich beständig kratzen.«

Ein lustiger Zeisig, welcher gehört
die prahlenden Worte, war drob empört;
im heiteren Unmut sein Schnäbelein schliff er,
und auf das Insekt ein Spottlied pfiff er.

Gemein und schmutzig, der Wanzerich,
wie Wanzen pflegen, rächte er sich:
Er sagte, dass ihm der Zeisig grollte,
weil er kein Geld ihm borgen wollte.

Und die Moral? Der Fabulist
verschweigt sie heute mit klugem Zagen,
denn mächtig verbündet in unseren Tagen
das reiche Ungeziefer ist.
Es sitzt mit dem Geldsack unter dem Arsch
und trommelt siegreich den Dessauer Marsch.

DON RAMÓN DE CAMPOAMOR

Der Hahn und der Hase

Der Hahn rief einen Hasen: »Feigling,
flieh!« –
»Ein Feigling ich?«, sagt' der und rümpft'
die Nase.
Doch als ein Hund erschien von fern, ei sieh,
da schoss Herr Lampe eilig fort im Grase.
»Wart doch ein wenig«, sprach der Hahn da, »wie?
heißt das nicht etwa fliehn, mein lieber Hase?«
Da hielt der Hase eine kleine Weile
und rief zurück: »Ich fliehe nicht, ich eile.«

THEODOR FONTANE

Der Kranich

au ging der Wind, der Regen troff,
schon war ich nass und kalt;
ich macht' auf einem Bauernhof
im Schutz des Zaunes halt.

Mit abgestutzten Flügeln schritt
ein Kranich drin umher,
nur seine Sehnsucht trug ihn mit
den Brüdern übers Meer,

mit seinen Brüdern, deren Zug
jetzt hoch in Lüften stockt,
und deren Schrei auch ihn zum Flug
gen Süden ruft und lockt.

Und sieh, er hat sich aufgerafft,
es gilt ja Lenz und Glück;
umsonst, der Schwinge fehlt die Kraft,
und ach, er sinkt zurück.

Nur Hahn und Huhn zum Schabernack
umkrähn ihn jetzt voll Freud:
Es jubelt stets das Hühnerpack
bei eines Kranichs Leid.

GOTTFRIED KELLER

Die Leuchtwürmchen und die Sterne

Zur Zeit der Abenddämmerung saßen drei oder vier Leuchtwürmchen in einer Wiese unter den Kräutern und Blumen, und man sah, wie sie geheimnisvoll die Köpfe zusammensteckten, emsig hin und her krochen und sich eifrig besprachen, so dass man glauben musste, es sei etwas sehr Wichtiges im Werke.

Als nun die Nacht auf die Felder und Fluren herniedersank und die Sterne am Himmel erglänzten, da erklommen sie einen hohen Grashalm und sprachen zu den Sternen: »Ihr lieben Sternlein! Ihr müsst gewiss sehr müde sein von eurem allnächtlichen Wachen; drum geht einmal ohne Sorgen schlafen; wir wollen indes die Erde für euch beleuchten!« Die Sternlein lächelten einander an und verbargen sich zum Spaße hinter kleinen Wolken. Die Leuchtwürmchen aber glänzten die ganze Nacht hindurch aus allen Leibeskräften, und am Morgen meinten die guten Tierlein, sie hätten die Erde erleuchtet.

Jaja!

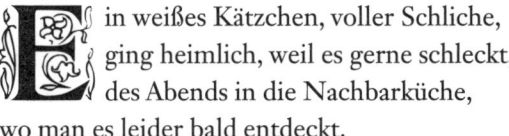

Ein weißes Kätzchen, voller Schliche,
ging heimlich, weil es gerne schleckt,
des Abends in die Nachbarküche,
wo man es leider bald entdeckt.

Mit Besen und mit Feuerzangen
gejagt in alle Ecken ward's.
Es fuhr zuletzt voll Todesbangen
zum Schlot hinaus und wurde schwarz.

Ja, siehst du wohl, mein liebes Herze?
Wer schlecken will, was ihm gefällt,
der kommt nicht ohne Schmutz und Schwärze
hinaus aus dieser bösen Welt.

Bewaffneter Friede

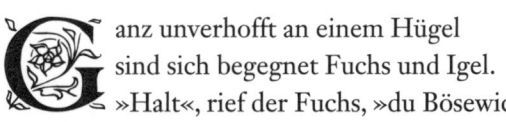

Ganz unverhofft an einem Hügel
sind sich begegnet Fuchs und Igel.
»Halt«, rief der Fuchs, »du Bösewicht!
Kennst du des Königs Ordre nicht?
Ist nicht der Friede längst verkündigt,
und weißt du nicht, dass jeder sündigt,

der immer noch gerüstet geht?
Im Namen seiner Majestät,
geh her und übergib dein Fell.«
Der Igel sprach: »Nur nicht so schnell.
Lass dir erst deine Zähne brechen,
dann wollen wir uns weiter sprechen!«
Und alsogleich macht er sich rund,
schließt seinen dichten Stachelbund
und trotzt getrost der ganzen Welt,
bewaffnet, doch als Friedensheld.

WILHELM BUSCH

Der Esel

Es stand vor eines Hauses Tor
ein Esel mit gespitztem Ohr,
der käute sich sein Bündel Heu
gedankenvoll und still entzwei.
Nun kommen da und bleiben stehn
der naseweisen Buben zween,
die auch sogleich, indem sie lachen,
verhasste Redensarten machen,
womit man denn bezwecken wollte,
dass sich der Esel ärgern sollte.
Doch dieser hocherfahrne Greis
beschrieb nur einen halben Kreis,
verhielt sich stumm und zeigte itzt
die Seite, wo der Wedel sitzt.

Das Huhn und der Karpfen

uf einer Meierei
da war einmal ein braves Huhn,
das legte, wie die Hühner tun,
an jedem Tag ein Ei
und kakelte,
mirakelte,
spektakelte,
als ob's ein Wunder sei!

Es war ein Teich dabei,
darin ein braver Karpfen saß
und stillvergnügt sein Futter fraß,
der hörte das Geschrei:
Wie's kakelte,
mirakelte,
spektakelte,
als ob's ein Wunder sei.
Da sprach der Karpfen: »Ei!

Alljährlich leg ich 'ne Million
und rühm mich des mit keinem Ton;
wenn ich um jedes Ei
so kakelte,
mirakelte,
spektakelte –
was gäb's für ein Geschrei!«

HEINRICH SEIDEL

Die Sperlinge

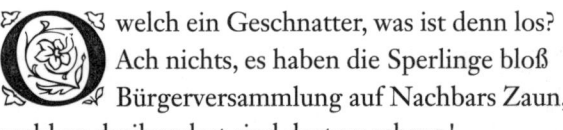 welch ein Geschnatter, was ist denn los?
Ach nichts, es haben die Sperlinge bloß
Bürgerversammlung auf Nachbars Zaun,
wohl an dreihundert sind dort zu schaun!

Die höchsten Interessen der Sperlingsschaft
bereden sie dort mit großer Kraft:
wie die Erbsen stehn und der Kopfsalat
und was sich sonst ereignet im Staat.

Ein jeder schnattert auf seinem Zweig,
sie reden alle und reden zugleich,
sie jilpen und schilpen und machen Skandal
und zetern, als hätten sie Reichstagswahl!

Mit einmal reckt sich auf seinem Platz
ein Alter und warnt: »Terr, terr, die Katz!«
Hurr, burr, sind sie mit einmal fort
und Nachbars Katze hat das Wort!

JOEL CHANDLER HARRIS

Das Kaninchen rächt sich am Fuchs und am Bären

Eines Tages«, erzählte Onkel Remus und zog nachdenklich an seinem Schnurrbart, »hat sich der Fuchs vorgenommen, fleißig zu sein und 'n kleines Feld mit Erdnüssen zu bestelln. Damals, da hat man sehn müssen, wo man bleibt, mein Junge. Gesagt, getan. Bald war der Boden gepflügt und mit Erdnusspflanzen bepflanzt. Das Kaninchen aber hatte in der Nähe gehockt, hat genau aufgepasst und hat dabei 'n Liedchen geträllert. Na, und als die Erdnüsse so langsam reif geworden sind, hat der Fuchs jedesmal, wenn er sich sein Feld anguckte, gemerkt, dass jemand Erdnüsse weggeholt hatte. Da is der Fuchs sehr böse geworden. Er hat sich ausrechnen können, wer der Täter gewesen is, aber das Kaninchen hatte seine Spuren so gut verwischt, dass der Fuchs nich wusste, wie er's fangen sollt.

Eines Tages hat der Fuchs 'nen Spaziergang um sein Feld gemacht und dabei ein Loch im Zaun gefunden, wo die Latten ganz glattgescheuert waren. Und an dieser Stelle hat der Fuchs 'ne Falle aufgestellt. Er hat 'n kräftiges Walnussbäumchen krumm gebogen, hat 'n Stück Schnur daran festgebunden, die am andern Ende 'ne Schlinge gehabt hat. Und die Schlinge, die hat er direkt in das Zaunloch gelegt. Am nächsten Morgen is das Kaninchen dahergehoppelt und is durch das Loch gekrabbelt. Es ist in der Schlinge hängengeblieben, und das Bäumchen is hochgeschnellt. Da hat das Kaninchen zwischen Himmel und Erde gehangen. Es hat da oben gebaumelt und hat Angst gehabt, runterzufalln. Aber es hatte auch Angst, nie wieder runterzukommen. Gerade hat es überlegt, was es dem Fuchs für 'ne Geschichte erzähln könnt, da hat es jemand die Straße entlangkommen hörn. Gleich darauf is der Bär vorbeigetrabt, der eben ein Bienennest ausgeräubert hatte.

›'n Tag, Bruder Bär‹, hat das Kaninchen gerufen.

Der Bär hat sich umgeguckt, hat nach 'ner Weile das Kaninchen da oben hängen sehn und hat gerufen: ›Hallo, Bruder Kaninchen! Wie geht's dir denn heut morgen?‹

›Vielen Dank für die Nachfrage, es geht mir nich schlecht, Bruder Bär.‹

Da hat der Bär wissen wolln, was das Kaninchen da oben in der Luft macht. Das Kaninchen hat ihm erzählt, dass es dort eine Mark in der Minute verdient, und nu hat der Bär natürlich wissen wolln, wie es das fertigbringt. Das Kaninchen hat gesagt, dass es die Krähen vom Erdnussfeld des Fuchses vertreibt. Dann hat es gefragt, ob der Bär nich auch mal 'ne Mark in der Minute verdienen möcht, weil er doch so viele Kinder hat, für die er sorgen muss. Und außerdem, hat das Kaninchen noch gesagt, gäb der Bär so 'ne schöne Vogelscheuche ab. Der Bär is einverstanden gewesen. Das Kaninchen hat ihm gezeigt, wie er das Bäumchen zur Erde biegen sollt. Es hat gar nich lang gedauert, da hat der Bär in der Luft geschwebt, und das Kaninchen hat auf der Erde gesessen. Bald darauf is es zum Haus vom Fuchs gegangen und hat gerufen: ›Bruder Fuchs! Oh, Bruder Fuchs! Komm doch mal raus, ich will dir den Mann zeigen, der Erdnüsse von deinem Feld gestohln hat.‹

Der Fuchs hat seinen Spazierstock erwischt und is mit dem Kaninchen zum Erdnussfeld gerannt. Als sie dort ankamen, da hat der Bär immer noch in der Luft gestrampelt.

›Aha! Jetzt bist du gefangen‹, hat der Fuchs gerufen. Und bevor der Bär auch nur einmal ›brumm‹ sagen konnt, is das Kaninchen auf und ab gehüpft und hat gerufen: ›Zieh ihm eine über, Bruder Fuchs, zieh ihm eine über!‹

Der Fuchs hat mit dem Spazierstock ausgeholt und hat den Bären durchgewackelt. Immer wenn er was sagen wollt, hat der Fuchs ihn wieder verhaun.

Das Kaninchen aber hat sich in einem Tümpel versteckt und hat nur die Augen rausgucken lassen, weil es gewusst hat, dass der Bär nun nach ihm suchen würde. Genau das hat der Bär getan. Er is zum Tümpel gehumpelt und hat gesagt: ›'n Tag, Bruder Frosch! Is das Kaninchen hier vorbeigekommen?‹

›Eben is es vorbeigegangen‹, hat das Kaninchen gesagt.

Da is der Bär die Straße entlanggetrottet und hat dabei ausgesehn wie 'n erschreckter Maulesel. Das Kaninchen aber is aus dem Tümpel rausgekrochen, hat sich in der Sonne trocknen lassen und is nach Haus zu seiner Familie gegangen, als ob gar nix geschehn wär.«

Affe und Schildkröte

In den Zweigen einer Injápalme saß einst ein Affe und aß von deren Früchten. Da kam die Schildkröte und sprach: »O Schwager, wirf mir einige Früchte herunter!«

Der Affe antwortete: »Nein! Steig herauf, wie auch ich heraufgestiegen bin!« Die Schildkröte bat: »Wirf mir wenigstens eine herunter, damit ich sie kosten kann!«

Der Affe erwiderte: »Nein! Steig herauf, wie auch ich heraufgestiegen bin!« Endlich warf er ihr doch eine Frucht hinunter.

Die Schildkröte nahm sie, aß davon und sagte: »Die Früchte sind gut zum Essen. Sie sind süß! Wirf mir doch noch mehr davon herunter!«

Der Affe antwortete: »Steig herauf, wie ich auch heraufgestiegen bin!«

Die Schildkröte versuchte hinaufzusteigen, aber es gelang ihr nicht. Als sie ein kleines Stück hinaufgeklettert war, rutschte sie wieder herunter auf den Boden. Der Affe zeigte ihr, wie man hinaufklettern müsse, aber die Schildkröte rutschte immer wieder auf den Boden. Da sagte sie zum Affen: »Trag mich hinauf!«

Er erwiderte: »Es ist gut! Ich werde dich holen!« Er stieg hinunter, trug die Schildkröte auf den Baum, ließ sie dort oben allein und lief fort.

Jaguar und Regen

Es war einmal eine Maloka (indianisches Sippenhaus), in der es nachts sehr heiß und rauchig war, weil die Leute ein großes Feuer im Hause angezündet hatten. Darum gingen die Leute vor das Haus, banden dort ihre Hängematten an und schliefen draußen. Weit vom Hause war ein Jaguar. Der Regen begegnete ihm und fragte. »O Schwager, was machst du da?«

Er antwortete: »Ich mache den Leuten Angst, die dort vor dem Hause sind, damit sie wieder hineingehen.«

Da meinte der Regen: »Die Leute haben keine Angst vor dir, Schwager.«

Aber der Jaguar sagte: »Doch, sie haben Angst! Willst du es sehen? Ich werde singen rund um das Haus. Geh hin und höre zu, was die Leute reden!«

Der Regen ging hin, setzte sich nahe bei den Leuten nieder und horchte, was sie sagen würden.

Da sang der Jaguar: »Hö-hö-hö-hö-hö-!«

Die Leute sprachen: »Ah, da ist ein Fell für meine Jagdtasche!«

Wieder sang der Jaguar: »Hö-hö-hö-!«

Der Regen horchte, und die Leute sagten: »Wir wollen morgen den Jaguar mit Pfeilen schießen!«

Da ging der Regen zum Jaguar.

Der fragte ihn: »Was haben sie gesagt, Schwager?«

Der Regen antwortete: »Nichts! Sie haben nichts gesagt!«

Da meinte der Jaguar: »Sie haben wohl Angst, Schwager?«

Der Regen aber sagte: »Nein! Sie haben keine Angst vor dir! Weißt du, was sie sagten? Sie sagten: ›Ah, das ist ein Fell für meine Jagdtasche!‹ Sie sagten, sie würden kommen und dich mit Pfeilen schießen. Siehst du jetzt ein, dass sie keine Angst vor dir haben? Vor mir ja! Vor mir haben sie Angst!«

Das glaubte der Jaguar nicht: »Nein! Sie haben keine Angst vor dir!«

Der Regen aber sagte: »Doch, willst du es sehen? Ich will mich bewaffnen, damit du nicht sagen kannst, sie hätten keine Angst vor mir!«

Der Regen ging, um sich zu bewaffnen, und befahl dem Jaguar: »Jetzt gehe du horchen, Schwager!«

Der Jaguar ging in die Nähe der Leute und setzte sich nieder.

Als der Regen sich bewaffnete, wurde es ganz dunkel, und ein starker Wind kam auf. Da riefen die Leute: »Dort kommt der Regen!« Der Regen näherte sich, und es fing an stark zu regnen. Da banden die Leute ihre Hängematten los und liefen ins Haus. Der Jaguar wurde nass.

Da ging der Regen zum Jaguar und sagte: »Hast du es gesehen Schwager? Sie haben Angst vor mir, vor dir nicht!«

So ist es noch heute. Wir haben Angst vor dem Regen, aber nicht vor dem Jaguar.

Der Derwisch und der Wolf

Ein frommer Derwisch befand sich in der Wüste; da erblickt er einen hungrigen Wolf, welcher nach einem Tier suchte, um es zu töten und zu verzehren. Als der Derwisch aus der Haltung des Wolfes erkannte, dass er eine böse Absicht habe, gebot ihm sein frommer Sinn, ihm einen gutgemeinten Rat zu geben, und er sprach:

»Hüte dich, anderen Schaden zuzufügen oder ungerechterweise deine Hand nach einem Schuldlosen auszustrecken. Stille deine Habgier mit Genügsamkeit; wer anderen Böses tut, wird den Zorn Gottes auf sich laden und im Jenseits bestraft werden.«

In dieser Weise sprach er noch länger und eindringlicher zum Wolf. Als dieser die guten Ratschläge des Derwischs vernommen hatte, sagte er: »Lieber Prediger. Fasse deine Predigt kurz; jenseits des Hügels weidet eine Herde Schafe, und wenn du mich noch länger aufhältst, fürchte ich, die gute Gelegenheit, mir eines zu holen, zu versäumen.«

Bei eingefleischter Habgier und Bosheit predigt man tauben Ohren.

Der Hahn und der Falke

Ein Falke sagte einmal zum Hahne: »Dein Äußeres ist allerdings sehr schön, aber in deinem Herzen lauert die Wildheit; dein Geschlecht ist immer treulos und undankbar!«

Der Hahn entgegnete: »Wieso kannst du uns treulos und undankbar nennen? Was hast du erlebt, was diese kühne Behauptung bestätigen könnte?«

»Diese Menschen erweisen euch so viel Gutes«, erwiderte der Falke, »und mühelos bekommt ihr euer Futter. Sie pflegen euch auf das sorgfältigste, und ihr lebt ungefährdet mit euren Herren ruhig und sorglos in deren Wohnungen. Wenn ihr aber von euren Herrn gerufen werdet, so leistet ihr dem rufe nicht Folge, sondern lauft undankbar genug von Dach zu Dach. Obwohl wir Falken zu den wilden Vögeln gehören, sind wir, sobald wir erst eine Zeitlang unter den Menschen gelebt haben und durch sie ernährt werden, immer dankbar gegen sie. Wir überliefern freiwillig und gern unserm Herrn unsere Jagdbeute; wenn wir zum Beispiel auf der Jagd von unserm Wohltäter getrennt werden, suchen wir solange, bis wir ihn wiedergefunden haben.«

»Unser scheinbarer Ungehorsam«, versetzte der Hahn, »wird nur dadurch hervorgerufen, dass ihr Falken noch niemals euresgleichen in einer Pfanne habt braten sehen. Wir aber müssen täglich zusehen, wie unsere Brüder am Spieße gedreht und gebraten werden. Wenn ihr so etwas erlebt hättet, würdet ihr euch gleichfalls hüten, einem Menschen nahe zu kommen, und wenn wir uns von Dach zu Dach flüchten, so würdet ihr von Berg zu Berg fliegen.«

Wie die Spinne der Eidechse ihre Schulden mit einem Loch bezahlte

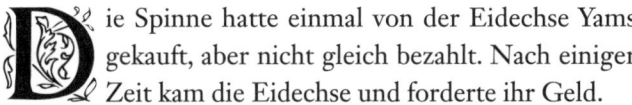ie Spinne hatte einmal von der Eidechse Yams gekauft, aber nicht gleich bezahlt. Nach einiger Zeit kam die Eidechse und forderte ihr Geld.

»Ich kann nicht bezahlen«, jammerte die Spinne, »ich habe keinen Pfennig.«

Aber die Eidechse wusste, mit wem sie es zu tun hatte. »Auf der Stelle bekomme ich mein Geld oder irgendetwas anderes, das ebenso viel wert ist.«

»Da kann ich dir höchstens mein Haus geben«, antwortete die Spinne und deutete auf ihr Loch, »das ist das Einzige, was ich habe.«

Natürlich nahm die Eidechse nicht an; was sollte sie mit einem Spinnenloch tun!?

Da rannte die Spinne davon und suchte den Adler in seinem Nest auf. »Freund Adler«, sagte sie, »siehst du dort die Eidechse vor meinem Loch? Hol sie dir doch!«

»Fein«, sagte der Adler, »danke schön!«

Als die Eidechse den Adler aus seinem Baume herabstürzen sah, floh sie in das Spinnenloch. Der Adler setzte sich davor und wartete. Da kam die Spinne zurückgekrabbelt: »Ah Eidechse, hast du nun doch mein Haus in Besitz genommen!? Schön«, höhnte sie, »dann wären wir ja quitt.« So hatte sie ihren Yams mit einem Loch bezahlt.

AFRIKANISCHE FABEL
Der Elefant und der Hahn

Eines Tages forderten der Elefant und der Hahn einander zum Wettstreit auf, wer von ihnen ein beharrlicher Fresser wäre. Als sie an dem vereinbarten Orte sich getroffen hatten, machten sie sich sofort ans Werk. Gegen Mittag legte sich der Elefant gesättigt nieder und versank in Schlaf. Nach einigen Stunden wachte er auf und bemerkte zu seinem großen Verwundern den Hahn, wie er immer noch unter dem Grase scharrte und pickte. Auch er begann zu fressen, und, neuerdings gesättigt, zog er sich zurück, indem er mit stets wachsendem Staunen den Hahn Nahrung zu sich nehmen sah. Als sich die Sonne zum Untergang wendete, beeilte sich der Hahn, sich auf den Rücken des Elefanten zu setzen, der sich mittlerweile gelegt hatte. Kurze Zeit verstrich, da fühlte der Elefant Stiche auf seinem Rücken. »Was machst du da?«, rief er halb erschreckt. »Nichts, ich nähre mich von den Insekten, die ich in den Borsten deiner Haut finde.« Entsetzt über eine derartig andauernde Gefräßigkeit, erhob sich der Elefant und suchte wie ein Narr das Weite.

Und seit diesem Tag flieht der Elefant stets, wenn er das Krähen des Hahnes hört.

Der Affe und das Chamäleon

Der Affe und das Chamäleon machten einst eine Fußwanderung miteinander. Sie fanden ein Gefäß voll köstlichen Palmweins, und der Affe trank einen guten Teil davon; aber das Chamäleon wagte nicht, davon auch nur zu nippen. Als der Affe sich satt getrunken hatte, setzten beide ihren Weg fort. Der Eigentümer des Weins kam bald darauf und fand den Krug zur Hälfte geleert. Empört, so bestohlen zu sein, ging er den frischen Fußspuren nach, um den Dieb zu strafen. Bald hatte er die Reisenden eingeholt und stellte sie zur rede; beide beteuerten jedoch, nicht von dem Wein getrunken zu haben.

»Achte auf unsern Gang«, sagte schließlich der Affe; »taumelt einer von uns, so strafe den als Dieb.«

So ließ der Mann beide an sich vorbeigehen. Der Affe schritt ganz gerade und ordentlich einher; aber das Chamäleon schwankte, wie es stets zu tun pflegt.

»Siehst du nun, wer der Weintrinker war?«, rief der boshafte Affe.

Da ergriff der Mann das Chamäleon, schlug es und sagte dann: »Nun geh; aber wisse, ich würde dich töten, wenn ich nicht wüsste, dass ich damit dem braven Affen ein Leid täte!«

Darauf setzten der Affe und das Chamäleon ihre Reise fort. Bald kamen sie an ein Feld, auf dem die Menschen Vorbereitungen zum Abbrennen des Grases getroffen hatten.

»Lass uns das Feld in Brand stecken!«, schlug das Chamäleon vor.

»O nein!«, wehrte der Affe.

Da nahm das Chamäleon einen Feuerbrand und schleuderte ihn mitten in das Gras hinein; indessen erlosch die Flamme bald. Die Menschen, denen das Feld und das Gras gehörten, kamen alsbald herbeigelaufen und fragten das Chamäleon und den Affen, wer den Brand geworfen habe.

»Schaut nach unseren Händen«, rief da das Chamäleon, »wessen Hände von Rauch schwarz gefärbt sind, der hat den Brand in das Feld geworfen.«

Als nun die Leute sich die Hände der Reisenden zeigen ließen, fanden sie die des Chamäleons rein und rosig, während die des Affen schwarz waren, wie sie es stets sind.

»Wer, meint ihr nun«, rief das Chamäleon schmunzelnd, »hat das Gras angezündet?«

Da ergriffen die Leute den Affen und schlugen ihn halbtot, so dass er im nahen Gehölz bewusstlos liegenblieb.

INDONESISCHE FABEL

Der Papagei und der Specht

In einem Walde gab es zwei Papageien, ein Männchen und ein Weibchen. Als die Papageiin ein Ei legen wollte, sprach sie zu dem Männchen: »Ich möchte ein Ei legen. Aber wohin sollen wir es tun? Du könntest einen Platz dafür herrichten!«

Da sagte das Männchen: »Ich kann kein Loch in den

Baum schlagen, denn mein Schnabel ist nach unten gebogen. Und ein Nest bauen wie andere Vögel kann ich auch nicht, denn meine Zehen sind ganz krumm. Lass uns deshalb einen anderen Ausweg suchen: denn wenn wir es auf die Erde legen, so wird man dein Ei wegnehmen!«

Da erblickten sie einen Vogel namens Specht. Seine Beschäftigung bestand darin, fortgesetzt Löcher in Bäume zu schlagen. Damit beschäftigte er sich den ganzen Tag. Da sprach die Papageiin zu ihm: »Was für einen Nutzen hast du davon, dass du Löcher in die Bäume schlägst?«

Der Specht erwiderte: »Sie sind meine Wohnung. Und wer keine Wohnung besitzt, dem gebe ich eine.«

Da sprach die Papageiin: »Gib mir die Wohnung, die du angefertigt hast!«

Er entgegnete ihr: »Wenn du damit einverstanden bist, dass wir heiraten, dann gebe ich dir diese Wohnung!«

»Ich besitze bereits einen Gatten. Es ist also unmöglich, dass wir heiraten. Aber wenn du mit meinem Kinde vorliebnehmen willst, so verheirate ich es später mit dir, wenn es zur Welt gekommen ist!«

»Es ist gut«, waren die Worte des Spechts, »aber wenn du mich nachher betrügst, dann ist es dein Unglück!«

Darauf legte die Papageiin ein Ei. Und nach einiger Zeit schlüpfte das Junge denn auch aus. Als sie sah, dass der Schnabel des Jungen rot war, sprach sie: »Der Schnabel meines Jungen ist rot wie der meines Mannes. Nun ist dieses mein Junges anscheinend ein Männchen!«

Da kam der Specht. »Ist dein Junges schon zur Welt gekommen, Schwester Papageiin?«

»Ja«, sprach sie.

»Dann wird es nachher, wenn es erwachsen ist, meine Frau«, waren die Worte des Spechts. Als es erwachsen war und fliegen konnte, sagte der Specht: »Jetzt soll meine Hochzeit mit deinem Kinde stattfinden!«

»Gut! Damals sprachen wir von einer Heirat mit dir, vorausgesetzt, dass es ein Mädchen ist. Wenn es jedoch ein Knabe ist, dann könnt ihr nicht heiraten. Und nun ist mein Kind ein Knabe; denn sein Schnabel sieht so rot aus wie der meines Mannes. Das gebe ich dir hiermit zur Kenntnis!«

Da sagte der Specht: »Du willst mich nur betrügen! Wenn du mich nicht mit deinem Kinde verheiratest, bringe ich euch alle um!«

Darauf erwiderte sie: »Komm später einmal wieder, wenn ich eine Tochter zur Welt gebracht habe!«

Als später ein weibliches Junges der Papageiin das Licht der Welt erblickte, kam der Specht wieder. »Wo ist meine Frau, Papageiin?«

»Hier ist sie! Nimm sie mit, wenn sie will! Aber wenn sie nicht will, dann weiß ich es nicht, dann bin ich am Ende mit meinem Rat.«

Das Papageienjunge und seine Mutter flogen dann irgendwohin fort, und der Specht bleib allein zurück. Da sprach er: »Dieses eine Mal war es nicht möglich. Aber wenn ich euch später noch einmal treffe, und wenn es dann nicht geschieht, bringe ich euch alle um, groß und klein!«

Damit ist die Erzählung vom Papagei und dem Specht zu Ende. Seitdem sind Papageien und Spechte einander gram. Deshalb sagen die Leute: »Der Specht schlägt Löcher, aber der Papagei besetzt sie.« Bis dahin. Es wurde zu einem Gleichnis der Alten.

Die Kröte von Osaka und die von Kyoto

In Kyoto wohnte einmal ein Kröte, die sehr reich und gelehrt war. Einmal hörte sie von Naniwa und den dortigen Kunstschätzen sprechen, und sie bekam den Wunsch, diese einmal zu sehen. Eines schönen Frühlingstages machte sie sich denn auch auf die Reise, die sie aber zu Fuß unternahm, weil man bei einer Fußreise mehr sehen und erfahren kann. So wanderte sie denn von Kyoto den Weg entlang, der nach Osaka führt, und kam über Myosin und Yamasaki bei Hishi Kaido, wo der berühmte Berg Tenno ist, über den der Weg führt.

Da der Tennoyama in der Mitte zwischen Kyoto und Osaka liegt, so beschloss die Kröte, als sie mit Mühe und Not die Bergeshöhe erklettert hatte, Rast zu machen.

Nun wohnte aber auch in Osaka eine Kröte, die zur gleichen Zeit den Wunsch hatte, Kyoto zu sehen; auch diese machte sich auf den Weg und kam nach vieler Mühe über Tokatsuki ebenfalls auf dem Gipfel des Tennoyama an, wo sie mit ihrer Kollegin aus Kyoto zusammentraf.

Beide Kröten begrüßten sich, wie es bei solchen Herrschaften üblich ist, mit vielen Verbeugungen und besprachen ihre Reise.

Schließlich sagten sie: »Wir haben hier erst die Hälfte unserer Reise hinter uns und die andere Hälfte noch vor uns. Aber unsere Beine und Hüften schmerzen uns und drücken uns nieder. Da wir von hier Osaka und Kyoto sehen können, so wollen wir uns auf unsere fünf Zehen stellen und jede den Ort betrachten, wo wir hinwollten. Auf diese Weise vermeiden wir weitere Anstrengungen und Schmerzen!«

So taten sie. Die Kröte von Osaka wendete den Kopf nach Kyoto, die von Kyoto nach Osaka, dann richteten sie sich auf ihren Hinterfüßen auf und betrachteten aufmerksam die betreffende Stadt.

Da nun aber die Kröten ihre Augen oben auf dem Kopfe haben (woran die beiden nicht dachten), so schauen sie, wenn sie sich emporrichten, stets rückwärts. Und so kam es, dass die Kröte von Osaka nicht Kyoto, sondern Osaka und die andere gleichfalls nicht Osaka, sondern Kyoto sah, jede also die Stadt, von der sie hergekommen waren.

Als sie genug geschaut hatten, sagte die Kröte von Kyoto: »Ich habe gehört, dass Osaka eine berühmte Kunststadt sein soll. Aber ich sehe, sie ist gar nicht anders als Kyoto. Da ist es besser, gleich heimzukehren!«

Auch die Kröte von Osaka sagte, indem sie eine verächtliche Grimasse schnitt: »Und ich hörte, dass die Hauptstadt die schönste Stadt des Landes sei und einer Blume gleiche. Jetzt sehe ich aber, dass sie vollständig Osaka gleicht. Da kehre ich auch um und gehe heim!«

Sie grüßten sich gegenseitig zum Abschied und gingen jede in ihre Heimatstadt zurück.

Wir können an diesem Beispiel lernen, dass oft ein falsches Urteil gefällt wird, weil man seine Augen nicht richtig benutzt und nicht weiß, wo man sie hat.

Daher ergeht es vielen Menschen so wie diesen Kröten.

Vertraue keinem schlechten Freund

In alter Zeit lebte ein großer Asket, der sieben Läuse besaß, Mutter und Kinder, die mit dem Heiligen ein Übereinkommen trafen. Zur Zeit, wenn der große Einsiedler meditierte, sollten sie nicht beißen. Da sie solches versprachen, warf der große Asket die Läuse nicht weg, sondern duldete sie.

Nun kam eines Tages eine Hundelaus bei ihnen an und sagte: »Ihr seid ja alle sehr glücklich.«

Die Läuse erwiderten: »Da wir seinen Rat befolgen, sind wir glücklich.« Darauf sagte die Hundelaus: »Kann ich nun auch hier bleiben?« Da sie alle Freunde waren, blieb sie. Eines Tages sprach die Hundelaus: »Da ich durch keine Abmachung gebunden bin, will ich den großen Asketen beißen.«

Die anderen Läuse sagten zu ihr: »Da für uns Gefahr besteht, Schaden zu leiden, so beiße besser nicht.« Doch sie tat das Gegenteil.

Der große Einsiedler dachte nun, die Läuse hören nicht auf meinen Rat, und sah nach. Da die Hundelaus weggelaufen war, fand er sie nicht. Da die Läuse nicht wissen, dass sie nicht zur Unzeit beißen dürfen, werden sie weggeworfen.

Da schlechte Freunde sich selbst und andere ins Elend bringen, sind sie nicht wert, dass man ihnen vertraut. Darum gib schlechten Freunden auch keinen Rat. Gibt man schlechten Freunden einen Rat und sagt ihnen Gutes, dann schlägt es zum Schlechten aus.

Die zwei Teufel

In alten Zeiten gab es einmal zwei Teufel, die zusammen einen Korb, einen Stab und einen Schuh besaßen, worüber sie sich zankten, da jeder zwei dieser Dinge haben wollte. Den ganzen lieben Tag haderten sie zusammen, ohne zu einer billigen Teilung gelangen zu können. Während dem besuchte sie ein Mann, der sie fragte: »Welche besondere Eigenschaft hat dieser Korb, dieser Stab und dieser Schuh, dass ihr euch so wütend darüber streitet?«

Die zwei Teufel antworteten: »Aus diesem Korbe kann man Kleider, Speisen und Getränke, ein Bett, eine Matratze und Nachtzeug holen; kurz, alle Lebensbedürfnisse kommen daraus hervor. Wer diesen Stab in der Hand hält, unterwirft sich damit alle seine Feinde, so dass sie nicht mit ihm zu kämpfen sich unterstehn. Wenn jemand diesen Schuh trägt, so kann er laufen, als ob er flöge, ohne durch etwas gehindert zu sein.«

Als der Mann dies gehört hatte, sagte er zu den beiden Teufeln: »Tretet ein wenig auf die Seite, dann werde ich sie gleichmäßig für euch verteilen.«

Als die beiden Teufel solches vernahmen, entfernten sie sich sofort eine Strecke. Der Mann hob sogleich den Korb auf, ergriff den Stab und zog den Schuh an, worauf er wegflog. Die zwei Teufel standen ganz verblüfft da, dass sie am Ende gar nichts bekämen, und der Mann rief den Teufeln zu: »Nun habt ihr keinen Grund mehr zu zanken.«

Der Silberfriedhof

Ein Mann saß einmal am Waldrande an einem Flusse und warf seine Angel aus. Da erschien eine Horde Affen und rief ihm zu: »Was nimmst du denn als Köder für deine Angelhaken?«

Der Mann wollte die lästigen Affen verscheuchen und rief ihnen ärgerlich zu: »Mit Affendärmen fische ich.«

Da flohen die kleinen Affen entsetzt, aber die großen brachen sich Äste ab und schlugen damit den Fischer so sehr, dass er tot zu sein Schien.

Da sagten die Affen: »Wir wollen ihn begraben. Auf welchen Friedhof tragen wir ihn? Auf den Silberfriedhof, auf den Goldfriedhof oder auf dem Friedhof der Aussätzigen?«

Und sie beschlossen, ihn auf den Silberfriedhof zu tragen. Dort begruben sie ihn und gingen davon.

Der Mann merkte, dass sie verschwunden waren und scharrte die Erde von sich hinweg. Er stand auf, sah, dass ringsum alles aus Silber war, ergriff davon so viel, wie er tragen konnte und eilte nach Hause.

Er baute sich ein neues Haus und lebte herrlich und in Freuden.

Das ließ seinem Nachbarn keine Ruhe, und er bedrängte den Reichen so lange, bis der die Herkunft seines Vermögens verriet.

Der Nachbar nahm Angelrute, Angelschnur und Haken und begab sich dann an den Waldrand. Kaum hatte er die

Angel ausgeworfen, da waren schon die Affen da und fragten ihn: »Was nimmst du als Köder?«

»Affendärme«, antwortete der Mann.

Da nahmen die Affen Knüppel und schlugen ihn, bis er sich tot stellte.

»Wo wollen wir diesen Mann begraben?«, fragten die Affen einander, »auf dem Silberfriedhof, dem Goldfriedhof oder dem Friedhof der Aussätzigen?«

»Auf dem Südfriedhof waren wir neulich schon«, sagten sie. »Diesen Mann hier tragen wir zum Friedhof der Aussätzigen.«

Als der Mann das hörte, erschrak er fürchterlich, hob den Kopf und schrie: »Tragt mich zum Goldfriedhof!«

»Was?«, sagten die Affen, »ist der noch nicht tot?« Und damit er ruhig sei, schlugen sie ihn ganz tot.

FABEL DER ESKIMO

Große Abenteuer der kleinen Maus

Die kleine Maus machte sich eines Tages fertig zu einer Reise. Ihre Großmutter richtete alles für sie her. Als sie hinauskam, war es ein ruhiger Tag. So machte sie sich auf den Weg.

Wie die kleine Maus so ging, kam sie an einen riesengroßen See. Obgleich sie allein war, sagte sie so: »Da würde ich ohne weiteres mit einem Menschen um die Wette schwimmen.« Und schwamm hinüber. Dann staunte sie über sich selbst, dass sie den See überquert hatte. Aber als sie zurückschaute, da waren es nur die Fußstapfen ihrer Mutter gewesen, die sich mit Wasser gefüllt hatten.

Sie ging einen anderen Weg weiter. Und wie sie so dahinging, kam sie an einen großen breiten Strom. Sie tauchte und schwamm hinüber und kam nicht einmal außer Atem. Sie staunte und schaute zurück. Aber da war es nur der Urin ihrer Großmutter gewesen, der da hinunterfloss.

Nun ging sie wieder einen anderen Weg weiter, und wie sie so ging, kam sie an einen mächtig großen Berg. Sie aber sprang einfach darüber weg. Wieder staunte sie über ihre eigene Kraft; aber als sie zurückschaute, da war es nur ein Bündel trockenes Gras gewesen.

Und wieder ging sie einen anderen Weg. Da traf sie einen Eisbär und einen Braunbär, die kämpften miteinander. Sie schlüpfte mutig zwischen ihnen durch. Dann staunte sie über ihre eigene Tapferkeit; aber als sie zurückschaute, da waren es nur die Bettwanze und die Fliege gewesen.

Schließlich kam sie wieder zu Hause an und erzählte der Großmutter von ihren seltsamen Abenteuern. Die Großmutter sagte nur: »S!« Und dann fügte sie hinzu: »Du bist eben närrisch.«

FRANZ KAFKA

Kleine Fabel

Ach«, sagte die Maus, »die Welt wird enger mit jedem Tag. Zuerst war sie breit, dass ich Angst hatte; ich lief weiter und war glücklich, dass ich endlich rechts und links in der Ferne Mauern sah, aber diese langen Mauern eilten so schnell aufeinander zu, dass ich schon im letzten Zimmer bin, und dort im Winkel steht die Falle, in die ich laufe.«

»Du musst nur die Laufrichtung ändern«, sagte die Katze und fraß sie.

GEORGES DUHAMEL

Die beiden Kirschbäume

**W**ie sie das nur machen, mein Lieber!«, sagte der unfruchtbare zu dem fruchtbaren Kirschbaum, seinem Nachbarn im Obstgarten.

»Das ist wahr«, brummte der brave Baum, »ich muss gestehen, man lohnt mir meine Mühen schlecht.«

Den ganzen Juni über hatte er verschwenderisch tausende herrlicher Früchte getragen, die Zweige brechend voll. Jetzt war der Boden mit seinen Blättern übersät. Eine hässliche Vogelscheuche klirrte im Geäst. Die Leiter der Pflücker lehnte noch an ihm. Zahlreiche abgebrochene Äste beschworen – mitten im Juni – das kahle Bild des

November. Das Gras unter ihm war zertreten, die Erde mürrisch und erschöpft.

»Sehen Sie mich an«, sagte der unfruchtbare Baum. »Seit Urzeiten achte ich peinlich darauf, meine Lebensmaxime einzuhalten: Nicht mehr als vier Kirschen! Nun, man lässt mich in Frieden. Ich bin gesund und kräftig. Meine Blätter sind ohne Makel, meine Rinde ohne Blessur. Lassen Sie sich's gesagt sein! Aber sprechen wir nicht mehr darüber, denn da kommt der Gärtner.«

Der Gärtner schritt vorbei und musterte jeden Baum.

»Ich sehe einen Kirschbaum, der keine Kirschen trägt«, sagte er. »Wir werden ihn fällen müssen und wenigstens aus seinem Holz etwas machen, einen Schrank oder eine Truhe.«

»Teufel auch!«, sagte der brave Baum zitternd, als der Gärtner gegangen war. »Glauben Sie nicht, dass es besser wäre, ein wenig Mühe und mitunter manchen Undank auf sich zu nehmen? Denn was der Gärtner vorhat, ist doch schrecklich für Sie.«

»Ach, woher!«, antwortete der andere, »machen Sie sich deshalb keine Sorgen. Das sagt er jedes Jahr. Aber er wird es nie tun. Ich bin unerlässlich für das Gleichmaß seiner Allee.«

FRIEDRICH WOLF

Der wackere Igel

An einem Frühlingstag lag der wackere Igel Pilopex in einer Talmulde und sonnte sich, als der Biber Castor erregt auf ihn zukam und schon von weitem rief: »Herr Nachbar! Herr Nachbar! Der Fluss schwillt an! Die Fische berichten, im Oberlauf seien die Dämme gebrochen.«

Der Igel hob ein wenig die Nase, leckte sich das Maul und sprach: »Was geht mich das an?« – »Kommen Sie schnell, Herr Nachbar, retten sie meine Jungen, helfen Sie uns Abflussgräben schaffen.« – Der Igel schnüffelte wieder und sprach darauf langsam: »Abflussgräben? Ich bin ein wackerer Igel Pilopex. Ich habe meine Stacheln; ich habe mein Kraut- und Mäusefeld; ich rolle mich zusammen, wenn etwas Unerquickliches draußen geschieht.« – »Hören Sie nicht, Herr Nachbar, wie der Strom braust!«, drängte noch einmal der Biber, eh er davoneilte. »Was geht mich das an!«, brummte der Igel und rollte sich zusammen und streckte seine Stacheln aus. – Auf einmal spürte er etwas Kaltes und Nasses auf seiner Haut. Er kugelte sich noch fester und drückte seine Augen energisch gegen seinen Nabel. Aber auch das half nichts. Es wurde immer kälter und nässer; jetzt wollte der Igel entlaufen; da schlug der Strom über ihm zusammen.

FRIEDRICH WOLF

Der Edelmarder

Ein Edelmarder geriet, nachdem er lange Zeit auf einem Hof viel Unheil angerichtet hatte, endlich doch in die Falle. Als der Bauer am Morgen mit einem kräftigen Prügel auf ihn zukam, da begann der Marder jämmerlich zu flehen: »Was willst du tun, Bauer? Siehst du nicht, dass ich kein gewöhnlicher Marder, sondern ein Edelmarder bin?«

»Eben darum«, antwortete der Bauer und holte aus.

»Nein, lass mich leben«, jaulte der Marder: »Ich will dir fortan nur dienen und Nutzen stiften, ich gebe dir mein Ehrenwort darauf!«

Dem Bauern kam das so großartig vor, dass er innehielt und sprach: »Gut, ich nehme dein Wort an«, und ließ den Marder aus dem Eisen.

Am nächsten Morgen lagen wieder zwei Hennen mit aufgerissenem Hals im Stall. Da wachte der Bauer die dritte Nacht und schlug den Marder, als er heranschlich.

»Lass ab! Lass ab!«, wimmerte das Raubzeug.

»Hält man so Wort?«, grimmte der Bauer, »heißt das, mir dienen?«

»Gewiss«, erwiderte der Marder, »dieses Hühnervolk frisst dir nur das edle Korn fort, aus dem der herrlichste Weizen sprießen könnte. Es hat keinen Sinn für dieses Land; es ist dieses Landes nicht wert!«

Da hatte der Bauer genug, und er machte der Unterhaltung mit dem Edelmarder ein Ende.

KURT TUCHOLSKY

Der Pfau

Ich bin ein Pfau. In meinen weißen Schwingen
fängt sich das Schleierlicht der Sonne ein.
Und alle Frauen, die vorübergingen,
liebkosten mit dem Blick den Silberschein.

Ich weiß, dass ich sehr schön bin. Meine Federn
auf meinem Kopf stell ich oft kapriziös …
Ich hab das weißeste von allen Pfauenrädern;
ich bin sehr teuer, selten und nervös.

Ich habe leider ziemlich große Krallen,
und wenn ich fliege, sieht es kläglich aus.
Doch, wer mich liebt, dem werde ich gefallen,
und alle Welt steht vor dem Vogelhaus.

Klug bin ich nicht. Klugheit ist nicht bei allen,
viel liegt nicht hinter meiner Vogelstirn.
Ich will gefallen – immer nur gefallen –
Ich bin ein schöner Pfau. Ich brauche kein Gehirn.

Nur singen darf ich nicht. Das ordinäre
Gekrächz ist nicht zu sehen – wie mein Bildnis zeigt.
Ich bin ein Pfau. Und eine schöne Lehre:
Wer dumm und schön ist, setzt sich. Siegt.
Und schweigt.

JAMES THURBER

Arthur und Al auf Freiersfüßen

Es war einmal ein junger Biber, der hieß Al und bewarb sich gemeinsam mit einem älteren Biber namens Arthur um die Gunst eines hübschen Biberweibchens. Die junge Dame wollte von Al nichts wissen, weil er ein Leichtfuß und ein Taugenichts war. Er hatte in seinem Leben noch kein Stückchen Holz benagt, denn er zog es vor, zu essen, zu schlafen, in den Flüssen umherzuschwimmen und »Hasch mich« mit den Bibermädchen zu spielen. Arthur dagegen, der ältere Biber, hatte seit der Zeit, da er seine ersten Zähne bekam, immer nur gearbeitet und nie irgendetwas mit irgendwem gespielt.

Als der junge Biber das Biberweibchen bat, ihn zu heiraten, sagte sie, das komme nicht infrage, es sei denn, er bringe es zu etwas. Sie wies ihn darauf hin, dass Arthur schon 32 Dämme gebaut habe und zur Zeit an drei weiteren arbeite, während er, Al, bisher noch nicht einmal an ein Brotbrett oder ein Nudelholz herangegangen sei. Al war sehr traurig, erklärte aber, er denke nicht daran zu arbeiten, nur weil eine Frau es von ihm verlange. Als sie ihm daraufhin ihre schwesterliche Liebe anbot, erwiderte er, dass er bereits 17 Schwestern habe, deren Liebe ihm vollauf genüge. So nahm er denn sein gewohntes Leben wieder auf: Er aß, schlief, schwamm in den Flüssen umher und spielte mit den Bibermädchen »Ich sehe was, was du nicht siehst«. Das Biberweibchen heiratete eines Tages Arthur – in der Mittagspause, denn er konnte seine Arbeit nicht länger als eine Stunde im Stich lassen. Sie bekamen sieben Kinder, und Arthur arbeitete so hart für den Unterhalt der Familie, dass er sich die Zähne bis zum Gaumen abwetzte. Bald war er nur noch ein Schatten seiner selbst, und er starb, ohne je in seinem Leben Urlaub genommen zu haben.

Der junge Biber fuhr fort, zu essen, zu schlafen, in den Flüssen umherzuschwimmen und mit den Bibermädchen »Blinde Kuh« zu spielen. Er brachte es nie zu etwas, aber er lebte herrlich und in Freuden und wurde steinalt.

Moral: Es ist besser, zu faulenzen und zu verzichten, als überhaupt nicht zu faulenzen.

JAMES THURBER

Der Uhu, der Gott war

In einer sternlosen Nacht saß einmal ein Uhu auf einem Eichbaum. Zwei Maulwürfe versuchten, unbemerkt vorbeizuschlüpfen. »Du!«, rief der Uhu. »Wer?«, quiekten sie angstvoll und erstaunt, denn sie konnten gar nicht glauben, dass irgendjemand imstande sei, sie in dieser Finsternis zu sehen.

»Du und du«, sagte der Uhu.

Die Maulwürde liefen davon und erzählten den anderen Geschöpfen in Feld und Wald, der Uhu sei das weiseste aller Tiere, denn er könne im Dunkeln sehen und gebe auf jede Frage die richtige Antwort.

»Das werde ich mal nachprüfen«, meinte ein Kranichgeier, und eines Nachts, als es sehr finster war, stattete er dem Uhu einen Besuch ab. »Habe ich jetzt die Augen offen oder mache ich sie zu?«, fragte der Kranichgeier.

»Zu«, sagte der Uhu, und das stimmte.

»Wissen Sie, wie ›wem‹ auf lateinisch heißt?«, setzte der Kranichgeier das Examen fort.

»Cui«, erwiderte der Uhu.

Der Kranichgeier versuchte es ein drittes Mal. »Wie ist der Name der südafrikanischen Antilope?«

»Gnu«, ließ sich der Uhu vernehmen.

Der Kranichgeier eilte zu den anderen Geschöpfen zurück und berichtete, der Uhu sei in der Tat das weiseste aller Tiere, denn er könne im Dunkeln sehen und gebe auf jede Frage die richtige Antwort.

»Kann er auch bei Tag sehen?«, erkundigte sich ein Rotfuchs.

»Ja«, echoten die Haselmaus und ein Zwergpudel, »kann er auch bei Tag sehen?«

Diese törichte Frage reizte die anderen Geschöpfe zu lautem Lachen. Sie fielen über den Rotfuchs und seine Freunde her und vertrieben sie aus der Gegend. Dann schickten sie einen Abgesandten zu dem Uhu und ließen ihn bitten, ihr Führer zu werden.

Als der Uhu bei den Tieren erschien, war es zwölf Uhr mittags, und die Sonne schien hell. Er schritt sehr langsam einher, was ihm einen überaus würdigen Anstrich verlieh, und er starrte mit seinen großen Glotzaugen um sich, was ihm ein ungemein bedeutendes Aussehen gab.

»Er ist Gott!«, kreischte eine große Legehenne. Und

die anderen Tiere stimmten begeistert in den Ruf ein. »Er ist Gott«, jubelten alle.

Sie folgten ihm, wohin er auch ging, und wenn er an etwas anbumste, dann bumsten sie auch. Als er eine Autostraße erreichte, wanderte er auf ihr weiter, und alle seine Anhänger folgten ihm. Ein Falke, der die Vorhut übernommen hatte, entdeckte plötzlich, dass ein Lastkraftwagen mit großer Geschwindigkeit auf sie zukam. Er meldete es dem Kranichgeier, und der meldete es dem Uhu.

»Es droht Gefahr«, krächzte der Kranichgeier.

»Cui?«, fragte der Uhu.

Der Kranichgeier teilte es ihm mit und fügte hinzu: »Fürchtest du dich denn nicht?«

»Puh«, sagte der Uhu ruhig, denn er konnte den Lastkraftwagen nicht sehen.

»Er ist Gott«, schrien alle Geschöpfe, und sie schrien noch immer: »Er ist Gott«, als der Lastkraftwagen heranbrauste und sie überfuhr. Einige Tiere wurden verletzt, aber die meisten, darunter der Uhu, kamen ums Leben.

Moral: Glaube macht nicht immer selig.

JAMES THURBER

Der Bär, der es bleiben ließ

In den Wäldern des fernen Westens lebte einmal ein brauner Bär, der trank gern einen guten Tropfen, konnte es aber auch bleiben lassen. Er ging des Öfteren in eine Bar, in der Met ausgeschenkt wurde. Von diesem gegorenen Honigsaft nahm er immer nur zwei Becher voll zu sich, niemals mehr. Dann legte er einen Geldschein auf die Theke, sagte: »Fragen Sie mal die Bären im Hinterzimmer, was sie haben wollen«, und ging heim.

Mit der Zeit aber gewöhnte er sich an, von früh bis spät in der Bar zu sitzen und still vor sich hin zu trinken. Wenn er mitten in der Nacht nach Hause gewankt kam, stieß er den Schirmständer um, brachte die Stehlampe zu Fall und rammte die Ellbogen in die Fensterscheiben. Zuletzt plumpste er auf den Fußboden und schlief ein. Seine Frau war tief bekümmert, und seine Kinder ängstigten sich sehr.

Eines Tages erkannte der Bär das Verwerfliche seines Tuns und gelobte Besserung. Er wurde ein berühmter Abstinenzler und predigte unentwegt Mäßigkeit. Jedem, der ins Haus kam, schilderte er die verheerenden Folgen der Trunksucht, und er brüstete sich damit, wie stark und gesund er geworden war, seit er keinen Alkohol mehr anrührte. Um das zu beweisen, machte er Kopfstand, lief auf den Händen, schlug Rad in der Stube, stieß dabei den Schirmständer um, brachte die Stehlampe zu Fall und rammte die Ellbogen in die Fensterscheiben. Zuletzt streckte er sich, ermüdet von seinen gesunden Leibesübungen, auf den Fußboden aus und schlief ein. Seine Frau war tief bekümmert, und seinen Kinder ängstigten sich sehr.

Moral: Man kann ebenso gut vornüber fallen wie hintenüber.

JAMES THURBER

Die Kaninchen, die an allem schuld waren

Es war einmal – selbst die jüngsten Kinder erinnern sich noch daran – eine Kaninchenfamilie, die unweit von einem Rudel Wölfe lebte. Die Wölfe erklärten immer wieder, dass ihnen die Lebensweise der Kaninchen ganz und gar nicht gefalle. (Von ihrer eigenen Lebensweise waren die Wölfe begeistert, denn es war die einzig richtige.) Eines Nachts fanden mehrere Wölfe bei einem Erdbeben den Tod, und die Schuld daran wurde den Kaninchen zugeschoben, die ja, wie jedermann weiß, mit ihren Hinterbeinen auf den Erdboden hämmern und dadurch Erdbeben verursachen. In einer anderen Nacht wurde einer der Wölfe vom Blitz erschlagen, und schuld daran waren wieder die Kaninchen, die ja, wie jedermann weiß, Salatfresser sind und dadurch Blitze verursachen. Die Wölfe drohten, die Kaninchen zu zivilisieren, wenn sie sich nicht anständig benähmen, und die Kaninchen beschlossen, auf eine einsame Insel zu flüchten.

Die anderen Tiere aber, die weit entfernt wohnten, redeten den Kaninchen ins Gewissen. Sie sagten: »Ihr müsst eure Tapferkeit beweisen, indem ihr bleibt, wo ihr seid. Dies ist keine Welt für Ausreißer. Wenn die Wölfe euch angreifen, werden wir euch zu Hilfe eilen – höchstwahrscheinlich jedenfalls.«

So lebten denn die Kaninchen weiterhin in der Nachbarschaft der Wölfe. Eines Tages kam eine schreckliche Überschwemmung, und viele Wölfe ertranken. Daran waren die Kaninchen schuld, die ja, wie jedermann weiß, Mohrrübenknabberer mit langen Ohren sind und dadurch Überschwemmungen verursachen. Die Wölfe fielen über die Kaninchen her – natürlich um ihnen zu helfen – und sperrten sie in eine finstere Höhle – natürlich um sie zu schützen.

Wochenlang hörte man nichts von den Kaninchen, und schließlich fragten die anderen Tiere bei den Wölfen an, was mit ihren Nachbarn geschehen sei. Die Wölfe erwiderten, die Kaninchen seien gefressen worden, und da sie gefressen worden seien, handle es sich um eine rein innere Angelegenheit. Die anderen Tiere drohten jedoch, sich unter Umständen gegen die Wölfe zusammenzuschließen, wenn die Vernichtung der Kaninchen nicht irgendwie begründet würde. Also gaben die Wölfe einen Grund an.

»Sie versuchten auszureißen«, sagten die Wölfe, »und wie ihr wisst, ist dies keine Welt für Ausreißer.«

Moral: Laufe – nein, galoppiere schnurstracks zur nächsten einsamen Insel.

BERTOLT BRECHT

Herrn K.s Lieblingstier

Als Herr K. gefragt wurde, welches Tier er von allen schätze, nannte er den Elefanten und begründete dies so: Der Elefant vereint List und Stärke. Das ist nicht die kümmerliche List, die ausreicht, einer Nachstellung zu entgehen oder ein Essen zu ergattern, indem man nicht auffällt, sondern die List, welcher die Stärke für große Unternehmungen zur Verfügung steht. Wo dieses Tier war, führt eine breite Spur. Dennoch ist es gutmütig, es versteht Spaß. Es ist ein guter Freund, wie es ein guter Feind ist. Sehr groß und sehr schwer, ist es doch auch sehr schnell. Sein Rüssel führt einem enormen Körper auch die kleinsten Speisen zu, auch Nüsse. Seine Ohren sind verstellbar: Er hört nur, was ihm passt. Er wird auch sehr alt. Er ist auch gesellig, und dies nicht nur zu Elefanten. Überall ist er sowohl beliebt als auch gefürchtet. Eine gewisse Komik macht es möglich, dass er sogar verehrt werden kann. Er hat eine dicke Haut, darin zerbrechen die Messer; aber sein Gemüt ist zart. Er kann traurig werden. Er kann zornig werden. Er tanzt gern. Er stirbt im Dickicht. Er liebt Kinder und andere kleine Tiere. Er ist grau und fällt nur durch seine Masse auf. Er ist nicht essbar. Er kann gut arbeiten. Er trinkt gern und wird fröhlich. Er tut etwas für die Kunst: Er liefert Elfenbein.

ERWIN STRITTMATTER

Fohlen im Regen

Das Ponyfohlen war sieben Tage alt. Es stakte wie die auf Schemelbeine gestellte Neugier neben der Mutter in der Gartenkoppel umher, zupfte und rupfte, schnupperte an einem Fetzen Papier, stutzte vorm Schwarz der Maulwurfshügel, fürchtete sich vor der wehenden Wäsche, galoppierte bis zum Koppelzaun, erschrak über seinen Mut, wieherte, wendete und preschte – von der Haarfahne seines Schweifes verfolgt – zur Mutter zurück.

Eine Wolkenwand kam über den Wald, und sie zerging, und sie breitete sich aus, und Vorregentropfen fielen. Die tropfen zerspellten auf dem Fohlenfell, und das Fohlen fühlte sich geneckt und betastet. Es legte seine Ohren an, klemmte den Schweif ein, schlug aus, entblößte den zahnlosen Gaumen, schnappte in die Regenluft, tanzte und erregte sich.

Unbeeindruckt vom fallenden Wasser kam die Mutterstute herbei, drückte das Fohlen gegen die Hecke, schützte es mit der Kruppe vorm Wetter.

Und im Schutze des Mutterbugs spähte das Fohlen nun in den Regen, sah die rinnenden Tropfen am Drahtzaun, und es berührte sie mit den Lippen, und die Tropfen zergingen am Maul, und das Fohlen stand da wie wir, wenn wir eine Erfahrung bestaunen.

SERGEJ MICHALKOW

Der Elefant als Kunstmaler

in Landschaftsbild hat einst der Elefant
beendet.
Jedoch bevor er es zur Ausstellung
versendet,
ruft er die Freunde kurzerhand,
um zu begutachten die Leinewand.
Womöglich ist das Bild doch nicht so ganz
vollendet?
Man hat es zwar gelobt, doch will das gar nichts
heißen.
Was mag der Tiere Fachkenntnis ergeben:
Zum Himmel heben
oder runterreißen?

Die Sachverständigen erscheinen. Und das Bild
wird ihrem Kennerblick enthüllt.
Der eine stellt sich nah, der andere schaut von
ferne …
Und nun beginnt das Krokodil:
»Dergleichen Landschaftsbilder seh ich gerne.
Es ist ganz schön. Wo aber bleibt der Nil?«
»Der Nil?«, erklärt der Seal,
»der machte mich nicht heiß,
jedoch wo bleiben Schnee und Eis?«
Nun lässt der Maulwurf auch nicht länger auf sich
warten:

»Viel wichtiger als das muss doch die Frage sein:
Wo ließ der Künstler den Gemüsegarten?«
Da meldet grunzend sich das Schwein:
»Das Bild ist gut! Ich will es nicht verhehlen,
doch es entzieht sich meinem Schweinsverstand,
warum vor allem – Eicheln fehlen!«

Zu Herzen nimmt der Elefant
die Freundeswünsche alle
und malt, dass jedem er gefalle,
mit seinem Pinsel Eis und Schnee,
den Nil, die Eicheln und Porree
und obendrein noch Honigwaben
(damit der Bär, falls er das Kunstwerk säh',
sich könnt an ihrem Anblick laben).
Als er dann fertig ist mit dieser Landschaft,
ruft Meister Elefant aufs Neue die Bekanntschaft.
Da tuschelten die Gäste miteinander:
»Was für ein Wirrwarr! Welch ein Durcheinander!«

Mein Freund! Sei nicht wie dieser Elefant:
Gibt man dir einen Rat, befolg ihn mit Verstand!
Willst du gefallen jedermann,
tust du dir selber Schaden an.

WOLFDIETRICH SCHNURRE

Schuld

Als die Zeit des Menschen vorbei war, wurden alle Tiere, die ihm gedient hatten, vor ein Gericht zitiert. »Ich habe ihn mit Hufen geschlagen, sooft ich nur konnte«, sagte das Pferd. »Ich habe ihn immer gebissen«, sagte der Hund. »Ich habe ihm lediglich den Stall schmutzig gemacht«, sagte die Kuh. Schließlich blieb nur noch das Heimchen übrig. »Und du?«, fragte der Löwe, der den Vorsitz führte. »Ich habe an seinem Herde gesungen.«

»Schuldig!«, schrien die Tiere.

WOLFDIETRICH SCHNURRE

Politik

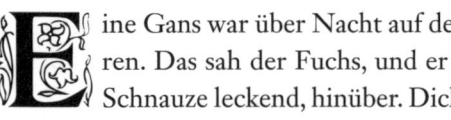

Eine Gans war über Nacht auf dem Eis festgefroren. Das sah der Fuchs, und er schlich, sich die Schnauze leckend, hinüber. Dicht vor ihr jedoch brach er ein, und es blieb ihm nichts weiter übrig, als sich schwimmend über Wasser zu halten.

»Weißt du was«, schnaufte er schließlich, »begraben wir unsere Feindschaft, vertragen wir uns.«

Die Gans zuckte die Schulter. »Kommt darauf an.«

»Ja, aber worauf denn!«, keuchte der Fuchs.

»Ob's taut oder friert«, sagte die Gans.

WOLFDIETRICH SCHNURRE

Schmerzliche Auslegung

ch sehe es dir an«, sagte die Katze zum Kanarienvogel, der schmatzend im Käfig beim Körnermahl saß, »du bist zuinnerst verzweifelt über dein Los.«

»Herrje!«, sagte der Kanarienvogel erstaunt, »und ich habe mich stets für zufrieden gehalten.«

»Ein Irrtum«, sagte die Katze, »nur die Freiheit macht innerlich froh.«

»Und eben die fehlt mir!«, rief der Kanarienvogel bestürzt.

»Daran siehst du«, sagte die Katze, »wie Recht ich habe, dass ich mir Sorgen mache um dich.«

Der Kanarienvogel senkte betrübt seinen Kopf. »Aber was kann man da tun?«

»Nichts einfacher«, sagte die Katze und hatte auch schon die Käfigtüre geöffnet: »Komm raus.«

»Aber mein regelmäßiges Futter! Der Kalkstein! Mein Bad!«

»– wiegt dir die Freiheit tausendfach auf.«

»Also schön«, seufzte der Kanarienvogel und hüpfte hinaus. Da schlug ihm die Katze die Krallen ins Fleisch.

»Hilfe!«, zeterte er, »was hat denn das mit der Freiheit zu tun?!«

»Dummkopf«, sagte die Katze, »darin besteht sie doch gerade.«

JAMES KRÜSS

Der Bär und das Eichhorn

Ein Bär, das stärkste Tier im Wald,
trat einmal aus Versehen
dem armen Eichhorn Willibald
im Walde auf die Zehen.

Er sagte nicht: »Pardon, mein Herr!«
Er tappte in Gedanken
als Bär verquer im Wald daher.
(Ein Bär kennt keine Schranken.)

Da rief das Eichhorn Willibald:
»He, Dicker, bleib mal stehen!
Man tritt nicht einfach hier im Wald
wem anders auf die Zehen!«

Der Bär verhielt auf weichem Moos
verwundert seine Schritte
und fragte, ganz gedankenlos,
das kleine Tier: »Wie bitte?«

Das Eichhorn, das im Humpelschritt
zum Bären kam geschritten,
sprach: »Wer wem auf die Zehen tritt,
muss um Verzeihung bitten!

Wenn du auch stärker bist als ich
an Körperkraft und Krallen:
Dergleichen find ich widerlich!
Ich lass mir's nicht gefallen!«

Die Pfötchen voller Wut geballt
(doch kleiner als ein Hase),
so trat das Eichhorn Willibald
dem Bären vor die Nase.

Der Bär, mit bärigem Gebrumm,
verblüfft und auch betreten,
hat in der Tat das Eichhorn um
Entschuldigung gebeten.

Da sprach das Eichhorn Willibald:
»Schon gut! Schon gut! Doch künftig,
gehst du mal wieder durch den Wald,
sei achtsam und vernünftig!«

»Gut«, sprach der Bär, »ich merk es mir.«
(Was Willibald sehr gut tat.)
So kann man auch ein großes Tier
belehren, wenn man Mut hat.

JAMES KRÜSS

Die Fischer und der Thunfisch

ischer warfen ihre Netze
schwungvoll auf das Meer hinaus.
Aber, ach, nach einer Stunde
zogen sie sie leer heraus.

Doch ein Thunfisch, den ein Haifisch
fressen wollte, sprang ins Boot,
und die hocherfreuten Fischer
schlugen diesen Thunfisch tot.

Rettung war das sicherlich;
aber, Thunfisch, nicht für dich.

JAMES KRÜSS

Die Giraffe und der Autobus

ine Giraffe und ein Autobus
sausten durch die Sahara um die Wette.
Schon schien es, dass der Bus gewonnen
hätte,
als sich das Blatt doch wendete zum Schluss.

Grad rief der Busschofför: »Ich komm zuerscht!«
Da brach die Achse über einem Steine.

So siegten schließlich die Giraffenbeine.
Die Technik siegt nur, wenn man sie beherrscht.

JAMES KRÜSS

Der arme Hund

m Straßengraben, in Schlamm und Kot,
da liegt ein trockenes Stückchen Brot.

Die Krähe sieht's liegen, fliegt fort und scharrt:
Das Brot im Graben ist mir zu hart.

Der Igel beschnuppert's, doch ohne ein Wort
geht er vom trockenen Brot wieder fort.

Ein streunender hungriger Hund erspäht
das trockene Brot am Abend spät.

Der Hund schnappt zu und frisst, dass es kracht.
Das Brot hat ihn beinahe satt gemacht.

Was verschmäht und verachtet liegt auf dem Grund,
das schmeckt noch manchem armen Hund.

GERHARD BRANSTNER

Der eigne Gestank macht keinen krank

Das Stinktier hatte sein Quartier gewechselt und sich in der Nachbarschaft einer Igelfamilie niedergelassen. Was stinkt da auf einmal so widerlich! Rief die Igelmutter und schnupperte empört in der Luft.

Auch das Stinktier schnupperte umher, sagte aber schließlich: Ihr müsst eine verdorbne Nase haben, ich rieche nichts Widerliches.

GERHARD BRANSTNER

Wer oben sitzt, sieht niemals alles, am wenigsten im Fall des Falles

Der Adler baute seinen Horst auf einer alten Eiche, obwohl der Maulwurf ihn davor gewarnt hatte. Der Baum war wurzelkrank, und das konnte nur der Maulwurf wissen. Schon beim nächsten Sturm brach die Eiche und erschlug die jungen Adler.

Es war ein Fehler, sagte der Adler, dass ich auf den Maulwurf nicht gehört habe. Ein noch größerer Fehler aber wäre es gewesen, hätte ich auf ihn gehört. Das hätte ein schlechtes Beispiel gegeben, und alle Maulwürfe würden sich fortan erdreisten, uns Ratschläge zu erteilen. Wo bliebe da der Adler?

REINER KUNZE

Das Ende der Fabeln

s war einmal ein fuchs
beginnt der hahn
eine fabel zu dichten

Da merkt er
so geht's nicht
denn hört der fuchs die fabel
wird er ihn holen

Es war einmal ein bauer ...
beginnt der hahn
eine fabel zu dichten

Da merkt er
so geht's nicht
denn hört der bauer die fabel
wird er ihn schlachten

Es war einmal ...

Schau hin schau her
Nun gibt's keine fabeln mehr

DIE AUTOREN

216

218

QUELLEN UND RECHTE

Äsop, Avian, Romulus, in: Antike Fabeln. Griechische Anfänge. Äsop. Fabeln in römischer Literatur. Phaedrus. Babrios. Romulus. Avian. Ignatios Diakonus. Hrsg. u. a. d. Griechischen und Lateinischen: Johannes Irmscher, © Aufbau Verlag GmbH & Co. KG, Berlin 1978

Phädrus, Aesopische Fabeln. Übersetzt von Friedrich Rückert, Leipzig 1877

Babrios, Fabeln. Übersetzt von W. Hertzberg, Halle 1846

Shen Buhai, Mengzi, Zhuang Zhou, Lü Büwei, Han Fei, Liu Xiang, in: Altchinesische Fabeln. Ins Deutsche übertragen von Käthe Zhao und Senta Lewin, Leipzig 1963

Pantschatantra. Aus dem Sanskrit übersetzt von Theodor Benfey, Leipzig 1859

Marie de France, Die Fabeln der Marie de France. Mit Benutzung des von Eduard Mall hinterlassenen Materials, hrsg. von Karl Warnke, Halle 1898

Tomasin von Zerklaere, Simeon Polozki, Georges Duhamel (übersetzt von Bernhard Thieme), in: Der Ochse und das Harfenspiel. Hrsg. von Ingrid und Klaus-Dieter Sommer, Berlin 1974

Reinmar von Zweter, Die Gedichte Reinmars von Zweter. Hrsg. von Gustav Roethe, Leipzig 1887

Konrad von Würzburg, Kleinere Dichtungen. Hrsg. von E. Schröder, Berlin 1926

Gesta Romanorum, Geschichten von den Römern. Ein Erzählbuch des Mittelalters. Ins Deutsche übertragen von Winfried Trillitzsch, Leipzig 1973

Hugo von Trimberg, Fabeln, Erzählungen und Schwänke nebst Sprüchen aus dem 13. Jahrhundert, Tübingen 1827

Ulrich Boner, Der Edelstein von Ulrich Boner. Hrsg. von Karl Pannier, Leipzig 1895

Heinrich Steinhöwel, Steinhöwels Aesop. Hrsg. von Hermann Österley, Tübingen 1873

Leonardo da Vinci, Fabeln. Übersetzt von Rudolf Hagelstange, Leipzig 1988

Johannes Pauli, Schimpf und Ernst. Erster Teil. Hrsg. von Johannes Bolte, Berlin 1924

Sebastian Brant, Carminum et fabularum additiones Sebastian Brant – Sebastian Brants Ergänzungen zur Äsop-Ausgabe, Basel 1501. Hrsg. und übers. von Bernd Schneider, Suttgart-Bad Cannstatt 1999

Martin Luther, Luthers Lieder und Fabeln. Hrsg. von Georg Buchwald, Leipzig 1913

Hans Sachs, Sämtliche Fabeln und Schwänke von Hans Sachs. Hrsg. von Edmund Goetze, Halle 1894

Hans Wilhelm Kirchhof, Wendunmuth. Hrsg. von Hermann Österley, Tübingen 1869

Jean de La Fontaine, Lafontaines Fabeln. Übersetzt von Ernst Dohm, Berlin 1913

Abraham a Sancta Clara. Huy! und Pfuy! Der Welt, Passau 1836

François de Salinac de La Mothe-Fénelon, Gespräche der Todten Alter und neuer Zeiten mit einigen Fabeln zur Unterweisung des Prinzen, Frankfurt/Leipzig 1745

Ludvig Holberg, Moralische Fabeln mit beygefügten Erklärungen einer jeden Fabel, Kopenhagen 1761

John Gay und Jean-Pierre Claris de Florian (übersetzt von Gisela Etzel), Clemente Bondi und Giovanni Gherardo de Rossi (übersetzt von Theodor Etzel), Ramón de Campoamor (übersetzt von Friedrich Adler), in: Fabeln und Parabeln der Weltliteratur. Hrsg. von Theodor Etzel, Leipzig 1907

Samuel Richardson, Hrn. Richardsons Sittenlehre für die Jugend in den auserlesensten aesopischen Fabeln. Übersetzt von Gotthold Ephraim Lessing, Leipzig 1757

Voltaire, übersetzt von Hermann Hesse, in: ders. Sämtliche Werke, Bd. 9. Die Märchen, Legenden, Übertragungen, Dramatisches, © Suhrkamp Verlag, Frankfurt am Main 2002

Christiana Mariana von Ziegler, Vermischte Schriften in gebundener und ungebundener Rede, Göttingen 1739

Friedrich von Hagedorn, Versuch in poetischen Fabeln und Erzählungen, Hamburg 1738.

Christian Fürchtegott Gellert, C. F. Gellert's sämtliche Fabeln und Erzählungen in drei Büchern. Hrsg. von E. Langbecker, Berlin 1838

Magnus Gottfried Lichtwer, Vier Bücher aesopischer Fabeln, Leipzig 1748

Johann Wilhelm Ludwig Gleim, Ausgewählte Werke, Leipzig 1885

Abraham Gotthelf Kästner, Gesammelte poetische und prosaische schönwissenschaftliche Werke, Berlin 1841

Friedrich Karl von Moser, Fabeln von Friedrich Karl Freiherrn v. Moser, Mannheim 1786

Justus Friedrich Zachariä, Hinterlassene Schriften. Hrsg. von J. J. Eschenburg, 1781

Gotthold Ephraim Lessing, G. E. Lessings Fabeln, Berlin 1777

Ignacy Krasicki, Fabeln. Nachgedichtet von Martin Remané, Berlin 1956

Gottlieb Konrad Pfeffel, Fabeln und poetische Erzählungen, Stuttgart 1861

Ludwig Heinrich von Nicolay, Vermischte Gedichte und prosaische Schriften, Berlin und Stettin 1793

Matthias Claudius, Asmus omnia sua secum portans oder sämtliche Werke des Wandsbecker Boten. I. und II. Theil, Hamburg 1775

Johann Heinrich Merck, Fabeln und Erzählungen. Nach der Handschrift hrsg. von Hermann Bräuning-Oktavio, Darmstadt 1962

Georg Christoph Lichtenberg, Drey prosaische Fabeln, in: Göttinger Musenalmanach 1784

Johann Gottfried Herder, Werke. Erster Theil. Gedichte, Berlin 1879

Felix Maria de Samaniego, in: Spanische Nationalliteratur in ihrer geschichtlichen Entwicklung. Hrsg. von Hedwig Dohm, Berlin 1867

Johann Heinrich Pestalozzi, Figuren zu meinem ABC-Buch oder zu den Anfangsgründen meines Denkens, Basel 1797, Stuttgart und Tübingen 1823

Johann Wolfgang von Goethe, Sämtliche Werke. Gedichte, Stuttgart 1893

Gottfried August Bürger, Sämtliche Werke, Göttingen 1835

Don Tomás de Iriate y Oropesa, Die Literarischen Fabeln des Spaniers Don Tomás de Iriarte. Übersetzt von Friedrich Adler, Leipzig 1887

Iwan A. Krylow, Fabeln. Ins Deutsche übertragen von Ernst Busse, Potsdam 1947

Karoline Stahl, Fabeln, Mährchen und Erzählungen für Kinder, Nürnberg 1821

Heinrich von Kleist, Sämtliche Werke in vier Bänden. Bd. 1-2, Berlin und Leipzig 1911

Jacob und Wilhelm Grimm, Kinder- und Hausmärchen. Vollständige Ausgabe, Berlin 1922

Albert Ludewig Grimm, Kindermärchen, Heidelberg 1809

Friedrich Rückert, Werke, Leipzig und Wien 1897

Arthur Schopenhauer, Parerga und Paralipomena, Berlin 1851

Franz Grillparzer, Gesammelte Werke in 4 Bänden. Bd. 4. Gedichte, Berlin 1923

Heinrich Heine, Sämtliche Werke in zwölf Bänden. Vierter Teil. Nachlese zu den Gedichten, Leipzig 1921

Theodor Fontane, Gedichte, Berlin 1851

Gottfried Keller's nachgelassene Schriften und Dichtungen, Berlin 1893

Wilhelm Busch, Kritik des Herzens, Heidelberg 1874 / Zu guter Letzt, München 1904

Heinrich Seidel, Glockenspiel, Leipzig 1897 / Neues Glockenspiel II., Stuttgart 1900

Joel Chandler Harris, Geschichten von Onkel Remus. Übers. von Hans Petersen, Berlin 1984

Aura Poku. Volksdichtung aus Westafrika. Ges. von Hans Himmelheber, Eisenach 1951

Humajun-name. Fabeln und Parabeln des Orients. Der türkischen Sammlung humajun name entnommen und ins Deutsche übertragen von Souby-Bey, Berlin 1903

Der gefrorene Pfad. Volksdichtung der Eskimo. Mythen und Märchen und Legenden und Ahnengeschichten. Gesammelt von Hans Himmelheber, Eisenach 1951

Die Insel der schönen Si Melu. Indonesische Dämonengeschichten, Märchen und Sagen aus Simalur. Gesammelt von Hans Kähler, Eisenach 1952

Die Reiskugel. Sagen und Göttergeschichten, Märchen, Fabeln und Schwänke aus Vietnam, übersetzt von Hans Nevermann, Eisenach 1952

Geister am Roroima. Indianer-Mythen, -Sagen und -Märchen aus Guayana. Hrsg. von Josefine Huppertz, Eisenach und Kassel 1956

Himmelsstier und Gletscherlöwe. Mythen, Sagen und Fabeln aus Tibet. Gesammelt von Matthias Hermanns, Eisenach und Kassel 1955

Japanische Märchen. Eine Sammlung der schönsten Märchen, Sagen und Fabeln Japans. Ausgewählt und übertragen von W. Alberti, Straubing 1913

Volkskundliches Togo. Gesammelt von J. Schönhärtl, Dresden und Leipzig 1909

Franz Kafka, Beschreibung eines Kampfes, Prague 1936

Friedrich Wolf, Gesammelte Werke in sechzehn Bänden (Hrsg. von Else Wolf und Walther Pollatschek). 1960–1968. Band 14: Märchen, Tiergeschichten und Fabeln, © Aufbau Verlag GmbH & Co. KG, Berlin 1961 (Dieser Band erschien erstmals 1961 im Aufbau Verlag; Aufbau ist eine Marke der Aufbau Verlag GmbH & Co. KG)

Kurt Tucholsky, in: Die Dame, Nr. 22, Juli 1927, S. 8

James Thurber, 75 Fabeln für Zeitgenossen. Deutsche Übersetzung von H. M. Ledig-Rowohlt u. a., © 1967 by Rowohlt Verlag GmbH, Reinbek bei Hamburg

Bertolt Brecht, Werke, Große kommentierte Berliner und Frankfurter Ausgabe, Band 18: Prosa 3. © Suhrkamp Verlag, Frankfurt am Main 1995

Erwin Strittmatter, Schulzenhofer Kramkalender, © Aufbau Verlag GmbH & Co. KG, Berlin 1966 (die Originalausgabe erschien erstmals 1966 im Aufbau Verlag; Aufbau ist eine Marke der Aufbau Verlag GmbH & Co. KG)

Wolfdietrich Schnurre, Der Spatz in der Hand. Fabeln und Verse, © Verlag Langen Müller, München/Wien 1971

James Krüss, Die Giraffe und der Autobus, Der arme Hund. Aus ders., James' Tierleben, © Carlsen Verlag GmbH, Hamburg 2003

James Krüss, Der Bär und das Eichhorn. Aus ders., Mein Urgroßvater, die Helden und ich, © Verlag Friedrich Oetinger, Hamburg (1967) 2009

James Krüss, Die Fischer und der Thunfisch. Aus ders., Die Fabelinsel, © Boje Verlag GmbH, Köln 2010

Gerhard Branstner, Der Esel als Amtmann. Tierfabeln, Reime und anderes, © trafo Verlag, Berlin 2003

Reiner Kunze, das ende der fabeln. Aus ders., gespräch mit einer amsel, © S. Fischer Verlag GmbH, Frankfurt am Main 1984